KATHARINA P.V.

PÁNIKNAPLÓ

novum ◢ pro

Ez a könyv
e-könyvként
is elérhető

www.novumpublishing.hu

© 2023 novum publishing

ISBN 978-3-99131-973-3
Lektor: Varga Mónika
Borítókép: Perge Júlia;
Tomislav Forgo | Dreamstime.com
Borító, tördelés & nyomda:
novum publishing
Illusztráció: Katharina P.V.

www.novumpublishing.hu

Climate neutral
Print product
ClimatePartner.com/16547-2201-1002

„Az egyik legrosszabb dolog, amit a szorongás útján elkövetünk magunk ellen, az a szorongásunk miatti szorongás. A félelmen kívül ugyanis nincs mitől félni. Ne félj hát a félelemtől! Inkább lásd annak, ami."

(Sarah Wilson)

ELŐSZÓ

Szerencsére ma már lehet beszélni a pszichés zavarokról, de sokan még mindig attól tartva, hogy megbélyegzik őket, inkább megpróbálnak egyedül megküzdeni a démonjaikkal. Sokszor inkább elzárkóznak, nem beszélnek róla, mert nem találnak értő és empatikus hallgatóságra. Magam is belefutottam úgy 35 évvel ezelőtt, amikor kezdődött a kálváriám, hogy gyenge vagyok, csak hisztizek és ugyan vegyek egy mély levegőt és lépjek túl rajta. Vagy egyszerűen csak megpróbálták elbagatellizálni a tüneteimet. De a kívülállóknak fogalma sincs arról, hogy menynyire félelmetes átélni, amikor legnagyobb igyekezetünk ellenére sem tudunk kontrollálni egy kellemetlen helyzetet. Ha megértjük, – és a környezetünkkel is megértetjük –, hogy ez a kórkép nem egy választott viselkedésminta, tehát nem tehetünk róla, akkor azt is könnyebben elfogadjuk, hogy ez betegség és mint ilyen, fel lehet ellene venni a harcot megfelelő szakemberek bevonásával. Nem szükségszerű, hogy hosszú távon nap mint nap csak a túlélés legyen a cél, mert van segítség. Enyhíthetünk a problémáinkon. Ez a jó hír. A rossz viszont az, hogy nincs mindenkire egyformán használható csodaszer, mindenkinek magának kell megtalálni a neki megfelelő módszert.

Jómagam is pánikzavarral küzdök 20 éves korom óta, többet éltem már pánikbetegként, mint a megjelenése előtt. A célom ennek a naplóba foglalt élményhalmaznak a megosztásával az, hogy segítsek azoknak, akik a kiutat keresik hasonló problémákból. Akik ilyen betegséggel küzdenek, érteni fogják az érzéseket, kételyeket és gondolatokat, amiket megpróbáltam megfogalmazni. Ha a tapasztalataim csak néhány embernek segítenek, akkor megérte. Nagyon sok témába vágó szakirodalmat elolvastam már az első diagnózisom óta és mindegyikből tanultam valamit. A mai napig tudok meríteni az újabb és újabb elém kerülő könyvekből.

Mit is jelent a pánikbetegség?

Az egyik fajta – és számomra az egyik legelfogadottabb – meghatározás szerint pánikzavarról akkor beszélünk, ha váratlan, hirtelen kialakuló, intenzív félelemmel és testi tünetekkel (erőteljes szívdobogás, izzadás, légszomj, remegés, mellkasi fájdalom, hányinger vagy hasi fájdalom, szédülés, illetve ájulásközeli állapot érzése, zsibbadás, kontrollvesztés, halálfélelem) járó pánikrohamokat él meg a beteg és a rohamok között pedig folyamatosan attól szorong, hogy mikor tör rá az újabb roham. Én ezt a folyamatos szorongásos állapotot neveztem el a „félelem a félelemtől" szakasznak, ami az elején hónapokon át tartott. Ennek természetes velejárója, hogy egy idő után teljesen beszűkül az élettér, mert igyekszünk elkerülni minden olyan helyszínt és helyzetet, ahol valaha is ránk tört a megmagyarázhatatlan pánikroham. Egy idő után már csak az otthonunk hamis biztonsága marad meg. Sérül gyakorlatilag minden funkciónk: nem tudunk helytállni a munkahelyen, nem vagyunk képesek ellátni a családi szerepekből adódó feladatainkat, annyira maga alá tud gyűrni bennünket a szorongás, a pánik és a halálfélelem.

Az egyik legnehezebben kezelhető jellegzetessége ennek a betegségnek, hogy nincs egyértelműen behatárolható oka annak, hogy mi is váltja ki a tüneteket, mert a valódi pánikroham teljesen váratlanul támad. Viszont a tartós szorongás is válthat ki pánikot, ami gyakorlatilag egyenértékű a beteg szempontjából egy valódi pánikrohammal.

Nagyon fontosnak tartom, hogy a beteg lássa be, hogy segítségre van szüksége és merjen is segítséget kérni szakembertől. Pszichoterápia – azon belül is a kognitív viselkedés terápia – és átmeneti gyógyszeres kezelés segítségével jól gyógyítható ez a betegség, de legalább is tünetmentessé tehető. És emellett rengeteg alternatív lehetőség is a rendelkezésre áll, amiből mindenki kedvére válogathat aszerint, hogy mit érez magához közelállónak: meditáció, relaxáció, kineziológia, gyógynövények, tibeti hangtál, BEMER terápia, csakra harmonizálás, szellemgyógyászat, családállítás. A teljesség igénye nélkül.

Egy viszont biztos: minél tovább marad kezeletlen a betegség, annál nagyobb a rizikó, hogy egy másik pszichiátriai kórkép is megjelenik mellette, mint pl. a depresszió, vagy az agorafóbia, vagy bármi. A pánikbetegségnek és a pszichoterápiájának óriási szakirodalma van. Nem célom ismertetni az összes lehetőséget, csupán saját tapasztalataimat szeretném megosztani a betegség megélésével kapcsolatban, hogy a kedves olvasó érezhesse: nincs egyedül, ha hozzám hasonló tüneteket tapasztal. És végül felcsillantanám a reményt, hogy van kiút – szintén saját élményeimen keresztül.

Habár nyugtalansággal tölt el az a gondolat, hogy ezzel a könyvvel lebontom a falat magam körül és megmutatom azt a törékeny énemet, amit eddig gondosan elrejtettem a külvilág előtt, mégis megteszem, mert hiszem, hogy segíthetek. Bátorságot merítettem Léria Dipán bölcs szavaiból: „Az igazán erős emberek, néha küzdenek magukkal is. Összetörnek úgy, hogy senki nem veszi észre, és fel is állnak. Csak ők tudják, hogy közben milyen mélyen jártak..." Mert aki valóban erős, az meg meri mutatni a gyengeségeit is.

Ahogyan Likó Marcell is megmutatta azt és ezzel rengeteget segített nekem azokkal a szövegekkel, amiket megírt. (Marci 2017-ben – mint a kedvenc magyar zenekarom, a Vad Fruttik frontembere – megnyerte az Artisjus Az év dalszövegírója díjat, tehát biztos, hogy nem csak rajongói szerint alkot remekműveket.)

Neki is ajánlom a könyvem, mert az ő szövegei adtak nekem sokszor erőt, miközben rongyosra hallgattam a zenéit. Belőlük tudtam, hogy hasonló mélységeket élt meg ő is, amiből bizonyítottan van kiút. Az ő művészetére a tudatmódosító szerek is befolyással voltak, én a pánikbetegségem miatt éltem át ugyanazt. Hihetetlen érzékkel fogalmazta meg azokat a legbensőbb félelmeket, amiket én is átéltem. Köszönöm az élményt sok-sok rajongó társam nevében is.

I. fejezet

Nagyon régi ismerős kopogtat...
2006. március

Ez a küzdelem olyan régi, hogy nem is emlékszem milyen volt az életem, amikor még nem létezett szorongás és halálfélelem. Az ok persze mindig más. A lefolyás és az intenzitása is. Most hosszú éveken át tartó tünetmentes időszak után keresett meg ez a betegség újra és most nagyon szenvedek. Kilátástalannak látom a jövőt, el sem tudom képzelni, hogy újra megszabadulhatok tőle. Az első alkalommal évekig tartott, mire tünetmentessé váltam. Akkor azt gondoltam, hogy meggyógyultam, hiszen éltem a normális hétköznapokat: tanultam, dolgoztam, családot alapítottam, gyermeket neveltem, építkeztem. Sajnos nem szabadultam meg tőle, csak átmenetileg békén hagyott. Csak azért, hogy ennyi év után újult erővel támadjon.

Fontos lenne valahogy ismét fölé kerekedni, hiszen itt vannak a gyerekek. És itt vagyok én is. ÉLNI AKAROK. Normális, élhető életet.

Erősnek kell lennem, le kell küzdenem. Nem hagyhatom, hogy elborítson ez a szorongás teljesen, mert akkor nem lehetek teljes értékű anyja a gyermekeimnek.

Hosszú idő telt el nélküle, s most jött a semmiből, hirtelen. Honnan? Miért? Éjjel lopakodott belém az őrjítő érzés. Felébresztettek a gyerekek, és nem tudtam visszaaludni. Elborított a jól ismert szorongás. Hullámokban, őrjítően. És én csak forgolódtam rémülten reggelig.

Folytatódik a rémálom
2006. március 11-12. szombat-vasárnap

Végigszenvedtem két hétvégi napot. Kétségek között vergődtem,
hogy megint vajon mitől van bennem ez a nagyon erős feszültség,
ez a mérhetetlen szorongás, ami egyszer az elviselhetetlenségig
fokozódik, máskor meg szinte a megkönnyebbülésig elmúlik.
Az egészben egyébként a kilátástalanság a legszörnyűbb, hogy
semmit sem tehetek ez ellen az érzés ellen. Maximum hálás le-
hetek, ha kicsit szűnik.
Az első gondolatom, hogy megint beindult a pajzsmirigyem.
Anno – 21 évesen, 21 éve – a pajzsmirigy túlműködése generál-
ta állítólag a szorongásos, halálfélelmes tüneteket (vagy esetleg
fordítva), tehát logikus, hogy ez az első, ami eszembe jut. A má-
sodik pedig a szorongásos depresszió és pánikbetegség. Tehát
két irányban kell elindulni a kivizsgálás rögös útján. Félelmetes,
mennyire tárgyilagos tudok lenni, ha nem épp egy pánikroham
kellős közepén vagyok.

2006. március 13-14. hétfő-kedd

Eltelt két újabb szorongásos nap, közben levették a vért a pajzs-
mirigyhormonok vizsgálatához. Amikor bementem a pajzsmirigy
gondozóba és kérdezte az asszisztensnő, hogy milyen tünetek
miatt mentem, majdhogy nem azt mondta, hogy mit keresek én
ott. Mondtam, hogy olyan tüneteim vannak, mint 15 éve, amikor
az egész túlműködésre fény derült, többek között ez az elvisel-
hetetlen feszültség, szorongás. Erre fennhangon megkérdezte,
hogy „mi köze van a szorongáshoz a pajzsmirigy betegségnek?"
Szóval „kedves" volt. De eredmény csak kb. 1,5-2 hét elteltével
lesz, szubjektív panaszokra pedig nem lehet alapozni egy beteg-
ség gyógyszeres kezelését. Azt mindenképp meg kell várni, amíg
eredmény lesz. Addig marad a kétség, a bizonytalanság. Lehet,
hogy addigra elmegy az eszem és megőrülök ettől az egésztől.

Arra gondoltam, hogy ha rosszak lesznek a pajzsmirigy eredményeim, akkor meggyorsítandó a dolgot, elmegyek maszek alapon a dokihoz. Talán a privát rendelésre nem olyan nehéz bekerülni. Sőt, elmegyek ma du. a háziorvoshoz is és felíratom vele azt az antidepresszánst, amit korábban szedtem, hátha az is segít rajtam valamit, mert a pszichiáterhez is csak 29-re van időpont. Ártani nem ártok vele magamnak – gondolom –, amilyen rozzant lelkiállapotban vagyok.

De már attól, hogy tettem valamit annak érdekében, hogy a dolog végére járjak, jobban érzem magam a bőrömben. Persze tudom, hogy ettől még nem léptem a javulás útjára, de a nap nagyobb szakaszában voltam jól.

Rosszabb...
2006. március 15. szerda

Gondoltam, és úgy is lett, hogy nem léptem a javulás útjára. Mert a gondolatnak teremtő ereje van... Ez most minden eddiginél rosszabb. Elvesztettem a reményt is; ha jobban érzem magam, már nem merek örülni sem neki, mert a következő napon kétszer olyan rossz.

Az egészre rátett egy lapáttal, hogy – miután hétfőn menstruálni kezdtem – késő délután elkezdtem nagyon vérezni. Amikor harmadik nap estéjén már arra számítok, hogy csökken és lassan elmúlik, erre teljesen beindult. Óránként kellett betétet és tampont cserélni és alvadt vérdarabok potyogtam belőlem. Nagyon bepánikoltam miatta! Lefutott az agyamon minden lehetőség (mint például a rák) és ez nem tett jót az amúgy is szorongásos mentális státuszomnak. Szóval a padlón vagyok teljesen, legszívesebben zokognék és őrült módon tépném magam a tehetetlenségben. Ez egy olyan állapot, amit nehéz érzékeltetni szavakkal, de attól, amit érzek meg lehet zakkanni.

Legalább éjjel nem virrasztok és már ez is valami.
2006. március 16. csütörtök

A délelőttöt végigszenvedtem és egyre rosszabb. Úgy érzem, ezzel nem tudok megbirkózni.

Elmentem a háziorvoshoz – ahogy terveztem –, hogy írjon valamit, mert nem bírom ki épp ésszel, amíg szakorvoshoz kerülök. Két hét múlva mehetek a neurózis szakrendelőbe. Ebben az állapotban két óra is elviselhetetlen, nemhogy két hét!!! Elpanaszoltam, hogy megöl ez az érzés. Elmondtam, hogy a pajzsmirigy hormonokra levetettem a vért, meg kértem időpontot a neurózis szakrendelőbe is, de mire odakerülök, addigra meg fogok őrülni. „Hát, akkor magának most gyors segítségre van szüksége", mondta és felírt kétféle gyógyszert is. Az egyikből / Frontin 0,25 mg-os/ 3x egyet kell szedni, ez valami szorongáscsökkentő, nyugtató. A másikból /Rexetin/ pedig reggelente egyet, ez antidepresszáns. Korábban nem ezt szedtem, hanem a Zoloft-ot, de azt pszichiáter javaslata nélkül elég húzós megvenni. Az antidepresszánsnak kell vagy két hét, mire a vérben kialakul a megfelelő szint, de mellé itt van mankónak a nyugtató.

Kicsit aggódom, mert a Zoloft bevált korábban és arról tudom, hogy szertralin a hatóanyaga, ami egyike az úgynevezett szelektív szerotonin újrafelvételt gátló gyógyszereknek. Ez kifejezetten a depresszió, illetve a szorongásos betegségek kezelésére használatos. A Rexetin ezzel szemben – bár szintén pánikbetegnél és általános szorongásos zavarnál is használatos –, paroxetin hatóanyagú. Mindkettő az SSRI (szelektív szerotonin-visszavétel-gátlók) néven ismert gyógyszerek közé tartozik, de más a hatóanyag és emlékeim szerint én még ez utóbbival nem találkoztam az életem során.

Alapvető tény, hogy minden ember agyában van egy szerotonin nevű anyag, viszont nekünk pánikbetegeknek – a depressziós vagy szorongó emberekkel együtt – kevesebb. Az erre vonatkozó kutatások hiányosak, sokszor ellentmondásosak és nem lehet pontosan tudni, hogy az SSRI hogyan hat, de növelik az agyban a szerotonin mennyiségét. A szerotonin egy ingerület átvivő anyag, amely információkat továbbít egyik idegsejttől a másikig, csökkenti a félelmeket, és gondoskodik róla, hogy nyugodtan, lazán reagáljunk a külvilági ingerekre. Hatására elvileg kiegyensúlyozottakká válunk, benső béke és elégedettség tölt el bennünket, ezért sokszor boldogsághormonként is emlegetik.

De igazából az a furcsa számomra, hogy – mint írtam – ellentmondásosak az erre vonatkozó kutatások és nem bizonyított tény, hogy az alacsony szerotonin szint összefüggésben lenne a depresszióra vagy éppen a szorongásra való hajlammal. Ez nem tudományos tény, csak feltételezés, mégis erre épül az antidepresszánsok „sikere". De én annyira pocsékul vagyok, hogy bármit hajlandó vagyok bevenni, amiről azt állítják, hogy segíthet. Szóval, jöhet az „édes begyógyszerezett" állapot. Gondolom placeboként használt a tény, hogy kaptam gyógyszert és tettem valamit a javulásért, mert mintha visszakaptam volna a reményt. A bevett Frontintól pedig délután és este már-már teljesen jól voltam. Legalábbis elviselhetővé zsugorodott a szorongásom. Az esti adag gyógyszertől pedig úgy aludtam, mint a csecsemő. Már esti mesélés közben össze-összeakadt a nyelvem. Mese után azonnal aludni mentem a kicsikkel együtt.

Csak reménykedni tudok, hogy segítenek rajtam ezek a gyógyszerek, mert ez az érzés, ami elhatalmasodott rajtam, őrjítő és úgy éreztem, hogy ennél az is jobb, ha nem létezem. A doki azt mondta, hogy nem hiszi, hogy gond lesz a pajzsmirigyemmel, mert a túlműködésben a fogyás jó étvágy mellett történik. Én meg egyszerűen nem eszek, mert nincs étvágyam és nem megy le a torkomon. Hát, remélem is, hogy nem lesz vele gond, mert nem szeretném azt is újra kezdeni. Igaz, ha csak „szimplán" neurózis vagy szorongásos depresszió, vagy nevezzük bárminek, az sem sokkal jobb, mert az a lényeg, hogyan érzem magam. Az már másodlagos szempont, hogy milyen orvoshoz kell járni a tünetek megszüntetése érdekében. És elég lehangoló és kiábrándító, hogy „idegbeteg" vagyok.

2006. március 17. péntek
Ez a délelőtt akár mélypont is lehetne...

Szörnyen érzem magam. Nem akar múlni bennem a feszültség; járkálok, mint egy ketrecbe zárt vadállat, vagy épp sírok. Szegény férjem tehetetlenül nézi, amint vergődöm, de teljes mellszélességgel mellettem áll. Szabit vett ki, mert nem hagy magamra. Ma délelőtt is volt egy jó kis „előadásom", s ha ez egyedül ér el, akkor lehet, hogy bekattanok annyira, hogy teszek valamit, csak hogy megszűnjön. A halálfélelmekkel küzdő pánikbeteg megöli magát, hogy megszabaduljon a szenvedéstől... Ez ám a paradoxon! Reggel bevettem az antidepresszánst, de pár óra múlva éreztem, hogy megint jön ez a pánikszerű dolog. Közben azon kaptam magam, hogy egyfolytában azon jár az agyam, hogy mi van, ha allergiás vagyok a hatóanyagra... És az én elborult elmém már el is kezdte gyártani egy súlyos /természetesen halálos kimenetelű/ allergiás reakció tüneteit. Bár nem tudom, hogy mik is azok pontosan, de meg voltam róla győződve, hogy jön a fulladás. Úgy éreztem, hogy dagad a nyelvem, kiszáradt a szám, fojtó érzés kapott el a torkomban és közben persze olyan erős halálfélelem, amivel eddig még soha nem találkoztam. Szerintem, ezt hívják pánikrohamnak. Szörnyű volt majd' egy órán keresztül, ami egy egész napnak tűnt. (Még hogy a szervezet leállítja a pánikot 20 perc múlva! Ha-ha!) Komolyan azt hittem, hogy megőrülök, mert ez abnormális dolog. Aztán elolvastam a mellékhatásokat és benne volt a szájszárazság is, mint a kezelés elején fellépő mellékhatás. Persze volt még ott több minden is, többek között szorongás és feszültség is, ami ellen felírták... Jó mi? Állítólag ezek a mellékhatások a kezelés előrehaladtával elmúlnak. Gondoltam, hogy nem javulok egyik napról a másikra – csak reméltem –, de ilyen komoly pánikrohamra azért nem számítottam. Bízom benne, hogy két-három nap alatt nagyjából segít a gyógyszer, mert ezt hosszú ideig nem lehet elviselni, ami bennem zajlik. Persze még mindig tartok az allergiás reakciótól, mert fogalmam sincs, hogy egy gyógyszer bevétele után mennyi idővel lehet tudni biztosan, hogy nem vagyok rá allergiás. Az a legnagyobb röhej ebben az egészben, hogy soha nem voltam semmilyen gyógyszerre allergiás! Akkor meg honnan jön ez a félelem?

Tehetetlenül vergődtem a pánik szorításában, a félelem egy anafilaxiás sokktól teljesen elborított. Délelőtt szörnyű volt ez a szorongós feszültség, többször sírásban törtem ki. Szegény férjem nem győzött vigasztalni, simogatni. Aztán ahogy közeledett a műszakja ideje, egyre pocsékabb lett. Teljesen bepánikoltam. A nagy fiam már itthon volt egykor, csak öt órája volt, és amikor a párom azt mondta neki, hogy szeretné, ha eljönne velem délután a kicsikért az oviba, kitört belőlem a zokogás. Hát itt tartunk, hogy a 13 éves fiamnak kell rám vigyázni? Erre fogta a férjem a telefont és betelefonált, hogy nem megy dolgozni. Ez jó döntés volt, lassan lecsillapodtam. Életemben nem éreztem ekkora hálát senki iránt, csordultig megtelt a szívem szeretettel.

2006. március 18. szombat

Délelőtt egész jól éreztem magam, voltak tünetmentes időszakok is. Kora délután jött egy újabb pánikroham megint szinte a semmiből. Elborított ez az érzés, mint egy lepel, amit sehogyan sem tudsz levenni magadról. Rettenetes. A déli adag gyógyszer bevétele után múlt el.

A délután már elviselhetőbb, sőt már akár jónak is nevezhetném, ha nem lennének kisebb hullámvölgyek. Ezt az ellenségemnek sem kívánom, amiken most átmegyek. És hogy a férjem mellettem áll, az külön főnyeremény. Szerintem nélküle már megbolondultam volna.

Pánikbetegség, szorongásos depresszió, tök mindegy. Szerencsére ugyanaz a szerotonin nevű anyag felelős mindkettőért állítólag, így ugyanazok a gyógyszerek jók mindkét féle betegségre, már ha hihetek a gyógyszerleírásoknak.

S hogy mi az oka? Fogalmam sincs. Látszólag minden rendben volt itthon, nem történt semmi velem, ami szerintem kiválthatta. Hacsak pont az nem, hogy monoton az életem, hat éve minden nap ugyanaz. Jött előzmény nélkül, mint derült égből villámcsapás. Pedig épp örömmel készültem arra, hogy jönnek látogatóba a nővéremék. Bizony azt hiszem, alkati dolog ez. Úgy néz ki, végig kíséri az életemet, és nem szabadott volna abbahagyni a gyógyszer szedését, amikor már hónapok óta jól voltam. Hogy vállalok munkát? Jó kérdés. Most sehogy, ahhoz teljesen rendbe kell jönni, ami hosszú időbe telik. Utána pedig már állandó gyógyszerszedés mellett talán megpróbálhatom. Még segíthet is. Lehet, hogy talán pont az lehet a kiváltó ok, hogy hat éve itthon vagyok...

Kora hajnalban riadót fújt a szervezetem.
2006. március 19. vasárnap

Reggel jött az újabb pánik, bár fogalmam sincs, hogy mi az, amitől félek. Talán a saját pánikomtól rettegek, hogy újra elborít. És el is borít. Egész délelőtt nagyon erősen szorongtam, az elviselhetetlenségig fokozódott bennem a feszültség és a félelem. Nem tudok ellene tenni semmit és ez az egészben a legrosszabb: tehetetlenül vergődni a félelem, pánik és kilátástalanság hálójában.

Többször elöntött a kétségbeesés, ilyenkor csak a sírás segít. Mert azt érzem, hogy ettől az is jobb, ha meghalok. Kezdem megérteni, hogy mi zajlik le egyesekben, amikor egy pillanatra bekattannak és véget vetnek lelki szenvedéseiknek. Mert ez nem élet!!! Járkálok a lakásban – valahogy muszáj ledolgozni a keletkező adrenalint – sírdogálok és halálra rémisztem a gyerekeimet, mert fogalmuk sincs, hogy mi történik velem. Honnan is tudhatnák? Én sem tudom, de félelmetes érzés.

A déli adag gyógyszertől sokkal jobb lett, de nem értem, hogy a reggeli adag miért nem csinált semmit!?

Aztán jött a mentő ötlet: hiszen van nekem egy gimis évfolyamtársam, aki pszichiáter lett! Őt kell felhívnom. Ő az, aki segíthet rajtam!

És segít is jó szándékkal telefonon. Azt mondja, emeljem meg a 0,25 mg-os Frontint 2-1-1-2 arányban szedve. Ez ugyan a duplája annak, amit a háziorvos felírt, de ennyire biztosan szükségem lesz, mert a jelek szerint hamar kiürül a szervezetemből a gyógyszer. Ez megnyugtatott kicsit, még a gyerekekkel is le tudtam menni a játszótérre délután. Később jött megint ez a vacak pánik, de a délutáni adag gyógyszer segített és csökkent az őrjítő érzés.

Este a lakásán fogadott a pszichiáter iskolatársam, pedig évek teltek el anélkül, hogy akár találkoztunk, vagy beszéltünk volna. Nagyon hálás vagyok neki ezért. Elvállalta a kezelésemet és rengeteget segített nekem, hogy egy olyan orvoshoz járhatok, akiben megbízom. Aki nem csak felírja a gyógyszereket, de terápiát is csinál, alkalmanként egy-egy órás beszélgetéssel. Megkönnyebbülés, hogy nem kell várni a neurózis szakrendelőre, ahol egyébként is 5-10 perc jut egy betegre.

Ez a pánik és az azt kísérő szorongás pedig legyőzhető. Szerinte. Én most kevésbé vagyok optimista, de megpróbálok hinni neki. Állítólag az antidepresszánsnak (jelenleg ez a Rexetin) 2-3 hét kell míg hat, tehát addig türelmesnek kéne lennem. Kitartásra lenne szükség, mert ez a dolog nem jön rendbe gyorsan. De elég reményvesztett tudok lenni, amikor itt a „roham" és rosszul érzem magam. Türelemből pedig egyre kevesebb van. Ez nehéz lesz, főleg, ha ilyen pocsékul leszek, mint délelőtt. Ezek a szorongások vagy mik az őrületbe kergetnek.

Az antidepresszáns mellékhatásairól nem is beszélve! Mert azok vannak. Itt van pl. a szájszárazság, ami már önmagában is kialakított egy-két pánikrohamot. De az idegességnek nevezett mellékhatás, párosítva az én egyébként is labilis idegzetemhez és szorongásaimhoz szörnyű dolgokat produkál nekem.

Az orvosom szerint a Frontin emelésével elérhető, hogy átvészeljem azt az időszakot, amíg beáll az antidepresszáns. Remélem, igaza van. Szóval ki kell bírni, amíg helyreáll az agyamban a rend – legalább is biokémiailag. De nem tökéletes még a dolog.

Ma is felébredtem négy előtt tíz perccel. Annyira rossz volt, hogy még nyugodtan feküdni sem tudtam, hiába próbáltam relaxálni. Kiköltöztem a nappaliba, félóra múlva vissza az ágyba, mert fáztam, de azzal meg felébresztettem a férjemet. Visszamentem a nappaliba, hogy legalább ő aludjon, de nem sokkal később utánam jött TV-t nézni, már ő sem tudott visszaaludni. Fél hatkor megkávéztunk, de a reggeli adag gyógyszert nem akartam még bevenni, mert akkor napközben nem tart ki a hatása. Próbáltam elfoglalni magam és a gondolataimat.

Ez az egész dolog csak rajtam múlik, senki más nem tudja ezt helyettem megoldani. Amikor kicsit jobb, vagy épp úgy érzem, hogy jól vagyok, akkor bizakodó is vagyok, és természetesnek veszem, hogy újra a régi leszek. De amikor épp itt ez a feszültség rajtam és a szorongás beborít, mint egy meleg és kellemetlen lepel, akkor viszont szerencsétlennek érzem magam, a jövőt kilátástalannak látom, és úgy érzem, hogy semmi értelme élni, ha ez az érzés tölt el. No meg a gyógyszereken is múlik, legalábbis az elején. Kell a gyógyszer mankónak, anélkül nem megy. Van úgy, hogy jól vagyok és egyszerűen csak bevágódik az agyamba, „jé, most jól érzem magam", majd a következő pillanatban már az a gondolat jön, hogy „de meddig" és már itt is az a hülye szorongás. Ez valami nagyon tudatalatti lehet.

A szép vasárnap csak vágyálom. Ma még nem múlt el a szorongásom kis időre sem, de olyan erősen van jelen, hogy azt hiszem, hogy hamarosan becsavarodok. A főzést is az én drága férjem fejezte be. Semmit nem vagyok képes csinálni, csak szenvedek, sírok, sétálok, mint egy ketrecbe zárt állat. Ilyen rosszra nem emlékszem szorongásos pályafutásom óta. Pedig ez már 20 éves tapasztalat. Rettegek, hogy soha nem múlik el, mert hiába vettem be a reggeli gyógyszert is... Fogalmam sincs mit csinálhatnék, hogy jobb legyen. Ráadásul már teljesen le vagyok gyengülve, mert enni sem eszek már napok óta rendesen. Egyszerűen nem megy le a torkomon. Max. egy kis leves, ha nagyon megerőltetem magam. Szóval nagyon, nagyon rossz. A gyerekeknek is így látni engem, nem lehet túl épületes látvány. Ráadásul azt sem értik, mi van velem, hiszen nem fáj semmim, nem a szó hagyományos értelmében vagyok beteg. De ez roszszabb, mint bármi más, amin eddig életemben átestem. Úgy érzem, ezt nem fogom ép ésszel átvészelni.

Irreális dolgok...
2006. március 20. hétfő

A tegnap esti Frontin úgy lenyomott, hogy elaludtam film közben. Hajnali 3-kor jött valamelyik gyerkőc, hogy pisilnie kell, féltem is, hogy nem tudok majd visszaaludni, de tudtam még szunyálni egészen ötig. Akkor viszont már nem jött össze tovább. A reggeli gyógyszer bevételéig elég zaklatott voltam, de utána a délelőtt már jól telt. Bevásárlással töltöttük az időt, nem is volt közben semmi bajom. Érdekes, hogy amint nem itthon vagyok, enyhülnek a rosszullétek!

11-re értünk haza, de akkor kezdett elhatalmasodni rajtam újra a szorongás. Amiatt, hogy a szám kiszáradt, a nyelvemen lévő kis kiemelkedéseket hátul nagyobbnak éreztem. Olyan volt, mintha nem tudnék nyelni rendesen. Jöttek az irreális gondolatok, hogy meg fogok fulladni. Hiába mondtam magamnak, hogy ez hülyeség, ez az érzés nem hallgat az észérvekre. Bevettem a gyógyszert és nem hatalmasodott el rajtam a pánik, mint tegnap. De azért pocsék érzés. Közben írok és írok. Segít, hogy kiírom magamból a gondolataimat. Ez talán nem hiábavaló elfoglaltság.

Hihetetlen, hogy milyen irreális dolgok miatt alakul ki pánik! Ez a mai eset is ezt bizonyítja. Enni sem tudok rendesen. Már egy hete. A hasam olyan lapos, mint egy tininek. Meg sem mérem magam mennyit fogytam. Amikor dicsérik az alakom, hogy hú, mennyire nem látszik, hogy négy gyerekem van, akkor mindig eszembe jut: lám-lám, a pánikbetegség is jó valamire, remekül karban tarja az alakomat. (Már tudok magamon viccelődni, ez jó jel.)

Ez az egész pánik olyan, mintha cserben hagyna az agyam: olyan dolgok miatt küldi szét a vészjelzéseit, ami miatt nem kellene, mert ha reálisan végig gondolom, akkor semmilyen veszély nem fenyeget. Sőt, olyan is van, amikor csak jön a pánik, de oka nincs. Kész téboly!!! Egy roncs vagyok.

Sajnos az olvasás és TV nézés nem jön be, amikor elkap a szorongás, olyankor semmi nem segít. Amikor beborít ez a szörnyű érzés, a kétségbeesés határán nem segít se humor, se ölelés, semmi... Nem is lehet leírni, elmondani, hogy milyen ez. Érdekes, mert amikor „normális" vagyok, tudom, hogy irreális dolgok miatt pánikolok, mert nem fogok pl. megfulladni, csak azért, mert a nyelvtőnél lévő kis pöttyöket nagyobbnak érzem, de ha jön a rosszullét, akkor nem használ a racionalitás, a pánik nem hallgat a józan észre. Ebből is látszik, hogy ezek olyan biokémiai folyamatok, amiknek a legyőzéséhez szükség van gyógyszerre. Valahogy olyan érzés, mintha cserben hagyott volna a saját agyam. Próbálok kicsit pozitívabb lenni, de nagyon nehéz. Talán, ha eljön az az idő, amikor már pár napig teljesen tünetmentes leszek, akkor majd merek reménykedni. Addig nem.

Főleg, hogy ma reggel megint nagyon elkapott a pánik... És most már biztos, hogy nem csak egy kis szorongásról van szó, hanem ez PÁNIK a javából. És egyre kevésbé tudom elviselni.

Ez a pánik megöl engem.
2006. március 21. kedd

Egyre kevésbé tudom elviselni. Miért szórakozik velem az agyam??? Gyártja az okokat arra, hogy pánikoljak! De miért?

Rettegek. És elegem van. Ezt nem lehet épp ésszel kibírni, ahogy rám telepszik ez az érzés.

Frontin be. Hiába van még nagyon kora reggel, muszáj. De jó ez a Frontin, segít a pánik elmulasztásában. Persze korántsem tökéletes a dolog. Hiszen folyton bennem van a félsz, a szorongás attól, hogy újra elboríthat a pánik. Ez a hullámzás nagyon rossz: amikor jól vagyok, akkor sem lehetek biztos (és nem is vagyok az) benne, hogy úgy is maradok. Ez az érzés teljesen felőröl, hogy nem tudok emiatt reménykedni a gyógyulásban.

A szorongásra ébredek – megint.
2006. március 22. szerda

Próbáltam lefoglalni magam TV nézéssel a kora reggeli riadót követően. Hatkor bevettem a gyógyszert és vártam a hatását. Nem is maradt el természetesen, még ha nem is lett tökéletes, azért utána már sokkal jobban éreztem magam. Most viszont az foglalkoztat, hogy a párom meddig bírja mellettem ezt az életmódot. Hősiesen helyt áll, mosogat, gyerekeket pátyolgat, de ezt sokáig nem lehet csinálnia egy férfinek. Ők nem erre teremtődtek. Már dolgoznia is kellene mennie, nem maradhat velem itthon sokáig, mert a végén még veszélybe kerül a munkahelye. De ha csak rágondolok, hogy egyedül maradok itthon, elfog a pánik. Pedig ez csak hamis biztonságérzés azt mondják a hozzáértők. Érdekes, hogy a kötelező délelőtti házimunka (főzés, mosogatás) közben mindig rám tör a szorongás, vagy mi a csoda ez. De miért??? Ahelyett, hogy elfoglalna és elterelné a gondolataimat, rám szakad ez a hülye érzés. Lehet, hogy azért van, mert a gyes-betegség a kiváltó oka az egésznek?

A déli adag gyógyszer bevétele után – kicsi hullámvölgytől eltekintve – teljesen jól voltam. Még kicsit sem éreztem semmi szorongást. Ujjé!!! Talán ez már fordulópont?

Lesz ez még így se...
2006. március 23. csütörtök

Hát, nem fordulópont... Szokás szerint ébredtem hajnalban és jöttem tévézni. Még szerencse, hogy 24 órán keresztül találhatunk műsort.

Reggel a gyógyszer bevétele után elég hamar újra önmagam lettem. Amikor mentem a nyílt napra az oviba, megint rám tört ez a hülye pánik, bár sokkal tompábban, mint máskor. Gondolom, a gyógyszerek elnyomják a tüneteket, de sajnos még nem szüntetik meg teljesen.

De ha jól belegondolok, még csak nem is tompítják rendesen. Rémesen hullámzó a hangulatom. Elkeserítő, hogy amikor teljes erővel rám tör a pánik, akkor nem tudom irányítani és nem tudok rajta felülkerekedni. Jön, amikor akar és megy, amikor akar. A pánik irányít engem és ez nagyon kétségbeejtő. Azt hittem, gyógyszerrel ennyi idő után már nem lesznek pánikrohamaim... Csalódott vagyok és kiábrándult; kilátástalannak látom a jövőmet. A legutóbbi pánik „témája" a torkom. Olyan érzés, mintha folyamatosan lenne valami a torkomban és belülről fojtogatna. Tudom, hogy ettől nem kéne pánikba esni, de a „háborodott" agyam teljesen hülyét csinál belőlem. Persze az sem jobb, amikor csak úgy tör rám a pánik és a szorongás és még az okát sem tudom. Mert amikor nincs konkrét tünet, amitől félnem kellene, hogy végez velem, mégis jön a pánikroham, az még érdekesebb. Ok nélkül halálfélelem? Ez tényleg őrjítő.

S ha elmúlik, akkor sem örülhetek sokáig a tünetmentességnek, mert tudom, hogy órákon belül jön úgyis valami, ami miatt elborít az újabb pánikhullám. Ez keserít el igazán, hogy nem érzek javulást, hogy nem mondhatom el, hogy napról napra jobb kicsit. Ha az egyik nap jobb, akkor a másik nap biztosan sokkal rosszabb. Így nem is tudok örülni annak, hogy néha jobb, mert tudom, hogy lesz ez még rosszabb. Mikor jövök már rendbe???

És életem párja meddig bírja mellettem ezt a „háziasszony és anyapótló" szerepet??? Ma már feszültnek láttam – gondolom emiatt –, de én tehetetlen vagyok ezen érzésekkel szemben. Próbálok a feladataim közül minél többet ellátni, de amikor rám tör a pánik, akkor képtelen vagyok bármit is csinálni. Ha csak szorongok, akkor több mindent meg tudok csinálni, tegnap is szorongósan zuhanyoztattam az ikreket. Erőt vettem magamon, mondván, hogy attól, hogy látványosan szenvedek nem lesz jobb, ha csinálok valamit, attól viszont talán. Szóval, ha nem csinálok semmit, nem múlik el hamarabb az érzés. Néha ez is bejön, máskor nem.

Meddig tart ez még???
2006. március 24. péntek

Elmúlik ez valaha? Kész rémálom ez a belsőmben tomboló rossz érzés. Minél tovább tart, egyre inkább úgy érzem, hogy soha többé nem leszek képes normális életre, hogy teljesen belém költözik ez a szorongás és irányítja az életemet. Ettől függ, hogy mit csinálok. Mert ha itt van, akkor gyakorlatilag semmit nem vagyok képes csinálni: sem háziasszonyi teendőimet nem tudom elvégezni, sem az anyasággal összefüggő kötelezettségeket. Csinálja helyettem sokszor az én drága párom, dehát neki is lenne munkahelye, várják vissza dolgozni. Viszont már a gondolatra is elfog a kétségbeesés, hogy újra dolgozni kezd, én pedig itt maradok akkor ismét egyedül. Ez elfogadhatatlan most számomra. Riasztó. Hogy fogok boldogulni? Mi lesz, ha velem történik valami, de egyedül vagyok itthon a gyerekeimmel? Ki fog rajtam segíteni, ha baj van? Vagy ki látja el a gyerekeket, ha kitör rajtam a mindent bénító pánik? Lehet, hogy már a félelmek teljesen az agyamra mentek...

Tehetetlen vagyok ezzel az érzéssel szemben, a gyógyszerektől várom a csodát, ami egyelőre még nem jött el. Ma egy hete, hogy szedem az antidepresszánst, de eddig semmi. Nem is hathatott, hiszen az van ráírva, hogy 2–3 hét, mire kifejti a hatását. A Frontin nyugtat le kicsit, de csak időszakosan tünteti el a szorongást belőlem, nem teljesen.

Ma is felébredtem 5-kor és képtelen voltam visszaaludni. Nem elviselhetetlenül erős bennem az érzés, de maga a tudat, hogy már két hete ez irányítja az életemet és nem akar eltűnni, önmagában is elkeserítő. Hiába szedem a gyógyszereket, minden reggel szorongásra ébredek és a nap bármely szakaszában rám törhet; ez félelmetes érzés. Mintha kicsúszott volna a kezemből életem irányítása, mert ettől az átkozott érzéstől függ, hogy mit vagyok képes megcsinálni és mit nem.

Ha éppen jól vagyok, akkor minden olyan, mint régen – persze ez történik ritkábban –, de ha itt az érzés és rám telepszik, akkor a családom alapvető szükségleteit sem vagyok képes kielégíteni.

Érdekes módon ebéd után egy csapásra eltűnt belőlem a szorongás és egész délután szinte teljesen jól éreztem magam. Hihetetlen, fogalmam sincs mi irányítja ezt az egészet! Ami biztató: ma már tudtam enni!!! Reggeliztem is, ebédnél is bement mindkét fogás, sőt uzsonnáztam is, vacsoráztam is. Ennek az apróságnak is kell örülni! És tudok is.

Talán javulás?
2006. március 25. szombat

Ma csak fél hat előtt ébredtem, de a szokásosnál szerencsére enyhébb szorongásokkal. A délelőtt folyamán képes voltam csinálni a dolgomat: mosogattam, ebédet csináltam anélkül, hogy rám tört volna az erős szorongás, vagy a pánik. Volt egy kis kellemetlen nyomásérzés a gyomrom tájékán, de ez inkább csak amolyan „félelem a szorongástól". De már merek reménykedni, hogy a gyógyszerek segíthetnek rajtam.

2006. március 26.vasárnap

Ma már teljesen jól voltam. Izgalom volt bennem, hogy ez már valóban gyógyulás-e, tényleg a gyógyszerek hatását érzem? Olyan jó érzés, hogy újra „normális" vagyok!!!

Tényleg jól vagyok! :-))
2006. március 30. csütörtök

Örülök neki és felhívtam a pszichiáteremet is, hogy elújságoljam neki a jó hírt. Ő is örült, hogy használnak a gyógyszerek, de azt mondta, hogy két hónap tünetmentesség kell ahhoz, hogy elkezdhessük csökkenteni a Frontint... Ettől nagyon meglepődtem, de természetesen elfogadtam, hiszen ő már az elején is megmondta, hogy ez egy nagyon hosszú folyamat lesz. Hát, ő a szakember.

Még mindig jól vagyok :-)
2006. április 09. vasárnap

Ez már elég hosszú idő ahhoz, hogy tényleg bizakodó legyek! Időnként elfog olyan aggódásféle érzés vagy nevezhetjük izgalomnak; olyan nyomásérzés a gyomortájékon. Azt gondolom ez most attól van, hogy megérkezett a beadott álláspályázat nyomán az értesítő levél, hogy mikor lesz a személyes meghallgatás. Szerdán kell mennem, és ettől kissé ideges vagyok. Milyen lesz? Már most eldöntik, hogy kié az állás? Ha nem én kellek, az egy újabb kudarcélmény. S ha az enyém lesz? Ettől talán még jobban félek... Mert az végképp felborítaná az eddigi kényelmesnek nevezhető, bár unalmas és monoton életemet. Fogalmam sincs, hogyan tudom majd összeegyeztetni a négygyerekes anyaságot egy főállással, ami ráadásul egy felelősségteljes köztisztviselői állás. Elég ijesztő, hogy ki kell lépnem a komfortzónámból. Egyáltalán lehetséges ez? Képes lennék betölteni egy ilyen állást? És a bejárás? Megint számtalan megválaszolatlan kérdés és félek a válaszoktól és a stressztől.

Ja, és a meghallgatás aznap lesz, amikor a pajzsmirigygondozó. Vajon milyen lesz a pajzsmirigy eredményem?

Nem is tudom, hogy a mai „görcs", valóban aggódás volt-e. Ez az izgalomféle nem biztos, hogy a meghallgatás vagy a pajzsmirigy vizsgálat miatt volt. Érzem, ahogy szép lassan elborít megint a szorongás és tehetetlen vagyok vele szemben. Mit tehetnék még???
Szedem rendesen az antidepresszánst és a Frontint is, mégis itt van megint ez a szörnyű feszültség és szorongás, amiről azt gondoltam, hogy már a múlté. Sírni lenne kedvem! Lehet, hogy jót tenne...

Újra jól telnek a napok
2006. április 10. hétfő

Valószínűleg attól voltam tegnap rosszabbul, mert menstruáltam... Úgy tűnik, ez kihat a hangulatomra ilyenformán is. Mások idegesek lesznek, feszültek, én pedig szorongok. Meg azért van okom izgulni a meghallgatás miatt is.

Már nem írok minden nap és ez jó jel!!!!!
2006. április 16. vasárnap

Az egész hét normálisan telt, semmi szorongás szerencsére :-))
A pajzsmirigyemmel rendben van minden. Az ultrahangos
doki szerint nagyon szépen működő, homogén csonk maradt
benn a műtét után. Nincs benne semmi göb, rég látott ilyen szépet. A hormonszintek is jók, szó sincs túlműködésről, sőt egy
picurkát inkább alul működik. De csak annyira, hogy még hormonpótlásra sincs szükség; elegendő a jódozott só használata.
Közben lecseréltük a Rexetint a régen jól bevált Zoloftra. Most
emiatt izgulok kicsit: vajon most is beválik? Hülye szorongás!!!
Miért kell nekem mindentől félnem?

2006. április 18. kedd

Harmadik napja szedem a Zoloftot, de azóta gyakran érzem a
gyomrom táján a sajnos oly ismerős szorongást. Biztosan az antidepresszáns váltás miatt van. Hiába arra való mindkét gyógyszer, amire, de csak más lehet a hatásmechanizmusa. Ehhez is
hozzá kell szokni – gondolom. Ráadásul a Frontint is másképp
szedem kicsit: az eddig 3-4 óra különbséggel bevett déli adagot
most kora du. veszem be egyszerre. Talán ez is bekavarhat kissé.
De amíg két részletben vettem be, előfordult, hogy el is felejtettem. Szóval nem tudom.

Már megint???
2006. április 22. szombat

Tegnap voltam emlőszűrésen és azt mondta a csaj, hogy valami nem tetszik neki; van egy-két megnagyobbodott nyirokmirigyem. Nekem meg az nem tetszett, hogy ezt mondta. Megint
tanyát vert bennem a szorongás, hiába mondta, hogy nem kóros, meg épp dolgoznak a hormonok a ciklus közepén. De azért

szeretné megnézni majd az egyik menses 4.-5. napján is, mert akkor ideális vizsgálni. Ennyi elég is volt ahhoz, hogy amikor hazajöttem, rám törjön az aggódás. Görcs a gyomorban és persze a szűnni nem akaró gondolat, hogy valami nincs rendben... Szóval mégis csak hipochonder is vagyok, már képzelődőm is. Ráadásul ez a szorongás sem nagyon akar eltűnni. Délutánra gatyába ráztam magam, de az azért aggasztó, hogy ennyire törékeny ez a jól vagyok dolog. Bármilyen stresszhelyzet, vagy negatív dolog ki tud zökkenteni a gyógyszerek fönntartotta kényes egyensúlyból. Mert folyamatosan jelen van bennem a feszültség és a szorongás. Nem vészes, inkább a kellemetlen kategóriába sorolnám csak, de azért na! Ott van, és emiatt a gondolatim is visszatérnek a szorongáshoz állandóan, mert problémának érzem.

Vajon természetesek az ilyen hullámvölgyek az állapotomban? Vagy az antidepresszáns váltásnak köszönhetem? Vagy mi van most??? Mindenesetre nagyon nem tetszik, amit érzek! Nem akarok visszaesni! Hogy leszek így két hónapig tünetmentes, hogy csökkenteni tudjuk a Frontint?

Ebben a felfokozott idegállapotban állandóan pisilni járok. Ez sem normális!

Húsvét előtt volt egy hasonló hullámvölgy, pár órát akkor is erősen szorongtam. Akkor analizáltam magam és kielemeztem miért lehet. Most is ráfoghatom erre az emlőszűrés dologra. De jó lenne, ha már megszűnne végre, mert reggel óta itt van a szorongás és szarul érzem magam nagyon így a bőrömben. De miért, amikor rendszeresen és normálisan szedem a gyógyszereimet?

Újra támad a pánik
2006. április 22. szombat

Be kellett vennem egy plusz adag Frontint, miután egész délelőtt kétségek között hánykolódtam. Fel is hívtam a pszichiáteremet, mert komolyan aggódtam, hogy visszaesek. Az én kedves orvosom nem lepődött meg, amikor elmondtam neki, hogy ma megint nem vagyok jól.

Azt mondta, hogy ez egy nagyon hosszú folyamat és teljesen természetes, hogy vannak rosszabb napok, hullámvölgyek. A Frontint addig kell szedni, amíg teljesen hullámvölgy-mentesen legalább két hónapig tünetmentes leszek. Szóval nem lesz sétagalopp, nehogy azt higgyem, hogy azzal, hogy szedem a gyógyszert rendesen, elindultam a lejtőn felfelé és megyek is folyamatosan felfelé. Sajnos időnként vissza-vissza fogok csúszni, ahogy mászok kifelé a gödörből. Elég egy adag stressz vagy izgalom és máris jöhet egy ilyen hullámvölgy. Ilyenkor vegyek be egy-egy plusz adagot a Frontinból. Ne essek pánikba, ha újra szorongok, akár 2-3 napig is, nagy pánikroham nem lesz az tuti.

Nem tudom, hogy a plusz adag gyógyszer segített-e, vagy csak placebo hatás volt, hogy bevettem. De leginkább az volt a megoldás kulcsa, hogy beszélhettem a pszichiáteremmel, akiben megbízok maximálisan és ez teljesen megnyugtatott. Minden esetre most már sokkal jobb.

Hullámvölgyekkel tarkítva...
2006. április 23. vasárnap

Megint hajnalban, alig négy után ébresztett a szorongás. Ez a bensőmben szétáradó feszültség kezd egyre elviselhetetlenebbé válni. Nem is tudom, mi ez valójában. Nagyon rossz ez az általam csak szorongásnak nevezett érzés. A legérdekesebb az, hogy ha átlagember szorong, vagy fél, az tudja, hogy mitől teszi. Nálam nincs ok. Legalábbis nincs nyilvánvaló ok. Ezért megszüntetni sem tudom.

Tegnap déltől semmi bajom nem volt, akkor meg mi a fészkes fene ez már megint?

Egyszerűen felébredtem és képtelen voltam normálisan viszszaaludni. Nem tudom mi ébresztett föl, később el is szenderedtem volna, de ez a szorongás villámcsapásként magamhoz térített. Olyan álmos vagyok, de képtelen vagyok aludni a bensőmet elborító félelem miatt.

Mégis mi történik megint velem? Amikor már azt hittem, hogy a javulás útjára léptem, azt gondoltam, sínen vagyok, amikor újra normálisan éreztem magam a bőrömben a gyógyszerekkel? Kevés lenne a szedett adag? Vagy tényleg csak egy hullámvölgy, ami törvényszerű és tényleg belefér a gyógyulási folyamatba, ahogyan a pszichiáter mondta? Csupa kérdés vagyok. De ezekre a kérdésekre nincsenek válaszok. Pont, mint a Válaszok nélkül című Vad Fruttik dalban. Az elmém lázasan kutat valami kézzel fogható, racionális magyarázat után, hogy ne higgyem azt magamról, hogy meghibbantam. De gyanítom, hogy ez az egész valami régi dolog, valami, ami nagyon mélyen el van ásva a tudatalattimba... De meddig fogok így kínlódni? Mikor lesz jobb végre? Ez a vacak szorongás ezután már bármikor belém költözhet, amikor csak kedve tartja? Ezt a lehetőséget nem akarom elfogadni, mert akkor a mankóként használt gyógyszerekbe vetett bizalmam is elhagy előbb-utóbb. NEM JÓL VAN EZ ÍGY!

Amíg a reggeli teendőimet végeztem, szinte meg is feledkeztem a szorongásaimról. A „görcs" a gyomromban azért ott volt, de próbáltam tudatosan a feladataimra koncentrálni. Bár pusztán akarattal elég nehéz ezt a dolgot irányítani, legyőzni és elfelejteni. Sőt, nem csak hogy nehéz, de kijelenthetem, hogy lehetetlen.

Voltak rövid időszakok, amikor teljesen meg is tudtam feledkezni az egészről, de jobbára itt volt bennem. Meddig fog ez így menni??? Ha rosszabbul vagyok, akkor egy kicsivel több gyógyszer, hogy jobb legyen? Íme a klasszikus gyógyszerfüggőségi recept: vegyünk be annyi nyugtatót, vagy szorongáscsökkentőt, hogy jól érezzük magunkat, azután már nem is tudunk létezni nélküle, mert mindig többet kell bevenni belőle ahhoz, hogy szorongásmentesek legyünk. Ez ám a perspektíva!

Szívem szerint mennék telefonálni a pszichiáteremnek, de szégyellném magam, ha megint zaklatnám. Hiába régi iskolatárs, mégsem rohanhatok hozzá minden aggályommal. Ehelyett inkább elolvastam a Frontin tájékoztatóját, ami azt írja, hogy a kezdő adag után szükség lehet módosításra és a pánikbetegségben sokszor 4-6 mg/nap is kell. Ettől én még messze vagyok, hiszen 3 x 0,5 mg kezdőadag mellé vettem be most is, meg tegnap is plusz 0,25 mg-ot. Ez még nem éri el a két mg-ot sem. Ettől függetlenül már nagyon elegem van ebből a szorongásból. Hullámvölgy ez a javából, méghozzá jó mély. Ha 3-4 napnál tovább tart, akkor mennem kell a pszichiáterhez, hogy módosítson a gyógyszerelésen, ahogy megbeszéltük. Remélem, hogy erre nem lesz szükség. Esti adag Frontin bevesz, és irány az ágy. Legalább aludni tudok jól hajnalig. Ez is valami.

Komoly visszaesés
2006. április 24. hétfő

6.00: Mégsem volt nyugodt az éjszakám, elkiabáltam a dolgot. Párszor felébredtem, de mindannyiszor sikerült visszaaludnom. Hajnali fél ötig. Akkor már hiába próbáltam ismét elaludni, rám tört a jól ismert erős szorongás. Szenvedés, izzadás, azután meg a didergés. Pár percekre elbóbiskoltam, de mindig felriadtam erre a szörnyű érzésre. Leírhatatlan ez, ami bennem tombol. Úgy érzem, hogy nem vagyok képes megbirkózni vele. Csúszok visszafelé a lejtőn a gödörbe, amiből már azt hittem, hogy sikerült kikecmeregni.

Egyre rosszabb megint napról napra. Olyan most, mint amikor elkezdtem szedni a gyógyszert és vártam, hogy végre hasson. De akkor bennem volt a remény, hogy javulni fogok, hogy majd használnak a gyógyszerek. Most mi a fenében reménykedjek??? Abban, hogy a pszichiáterem felemeli a gyógyszerem adagját és akkor jobb lesz? Azután azt is megszokom, jön az újabb viszszaesés... Ettől a gondolattól végképp kétségbe esek. Bement egy plusz adag Frontin, de semmi hatását nem érzem. Ez már nem hullámvölgy csak, hanem komoly visszaesés. Amint emberibb lesz az időpont, hívom is a pszichiáterem és leadom a vészjelzést. De mit tud tenni? Emeli az adagot? Meddig? Hányszor esek még vissza? Leszek egyáltalán még ebben a mocsok életben tünetmentes? A gyógyult jelzőt pedig inkább nem is használom, mert abban nem is bízok. Bőven megelégszem a tünetmentességgel.

Szinte kézzel fogható, amint elborít megint a szorongás, körül fon a pánik és az a tehetetlenség, hogy az égvilágon semmit nem tudok tenni ellene. Megint itt van ez az átkozott kilátástalanság, hogy nem sikerül kimászni ebből a fenemód mély gödörből.

9.05: Már jól kibőgtem magam, ettől jobb lett kicsit. Reggel hétkor bevettem a rendes adag Frontint és felhívtam a pszichiáteremet. Elmondtam, hogy kész vagyok, rosszabb lett. Besuvasztott két betege közé kettőre, és azt mondta, átbeszéljük a dolgot, beállítjuk a gyógyszereket. Remélem, hogy hamarosan jobban leszek, mert megint olyan kérdések foglalkoztatnak, hogy egyáltalán minek vagyok én? Ez csak vegetálás, szenvedés és nem élet.

Ez nem hullámvölgy, ahhoz túl sokáig tart. Ez megint a jól ismert mély gödör. Annak is a legalja. A gyógyszertől sem lettem jól, csak jobban. Elviselhetőbb szintre ment bennem a szorongás, de ez csak átmeneti. Hullámzok, szinte percenként változhatnak bennem a dolgok. Hol erősebb, hol gyengébb, de itt van. Gyakorlatilag a semmiből borított el megint a pánik. És ott van, érzem minden egyes sejtemben.

Most már az sem használ, hogy kiírom magamból az érzéseimet ebbe a vacak naplóba. Az egésznek nincs már jelentősége. Talán a kórtörténet miatt lehet még hasznos, talán segít a pszichiáternek, ha pontosan vissza tudom idézni az elmúlt három nap eseményeit.

20.28: Voltam a pszichiáternél. Megnyugodtam tőle. Kielemeztük a helyzetet és talált okot bőven arra, hogy szorongok és pánikolok. Pl. hat éve itthon vagyok, és ez már nem elégít ki. Ennél többre vagyok hivatott. Ez nem újdonság, hiszen ezért kezdtem el állást keresni, mert komolyan dolgozni akarok. Beadtam egy pályázatot, ami szerepkonfliktust indított el bennem. Közben pedig fogy az időm. Maximum 1,5 évet lehetek még itthon az ikrekkel. Ezek összeadódva elindították ezt a pánikos, szorongásos állapotot.

Közben antidepresszánst is váltottunk. A Rexetin 10 nap alatt kiürült, a Zoloft pedig nem kezdett el még hatni. A Frontin sem olyan ütős már, mint az elején. Abban maradtunk, hogy megemeljük a Zoloft-ot napi kettőre. Ez a kisebbik rossz. A Frontin marad úgy, mint eddig: 3 x 0,5 mg, amit szükség szerint kiegészíthetek egyszeri 0,25 mg-al naponta kétszer.

Végül is így békében telt a délutánom, nem volt komoly pánikroham és a szorongás is csak alaphangon volt jelen a gyomrom tájékán. Szerencsére. A ma bevitt Frontin 2 mg volt. Maximum 2,5 mg-ot engedélyezett a pszichiáterem, remélem annyira nem lesz szükségem rendszeresen.

Az első lépések
2006. április 24–25. kedd

6.00: Ma is felébredtem 4:20-kor. Kínlódtam, próbáltam lazítani és visszaaludni. Úgy éreztem, hogy csak elszenderedtem pár percre, de amikor legközelebb felébredtem, már 3/4 órával többet mutatott az óra. Megörültem neki és még egyszer nekirugaszkodtam. Bár megint nem úgy tűnt, de megint eltelt 3/4 óra, mire újra kinyitottam a szemem. Kis győzelem is győzelem!! Az apró előrehaladásoknak is örülni kell, hiszen „lassan megyünk messzire", szokták mondani.

Igyekszem magam elfoglalni, pörögni ezerrel napközben, hogy ne tudjon elhatalmasodni rajtam a szorongás.

10.40: Jöttem, mentem, intézkedtem elhatározásomhoz híven, de hiába küzdöttem a szorongás ellen, nem múlt el teljesen, csak enyhült azzal, hogy elfoglaltam magam. Bement egy 0,25-ös Frontin. ☻ De már a tudat is segített, hogy benn van a szorongáscsökkentő gyógyszer. 10 perc múlva jobb lett. Azzal vigasztalom magam, hogy a pszichiáterem azt mondta tegnap, hogy gyorsan lebontom a gyógyszert, ezért kell az átlagosnál gyakrabban bevenni. Biztosan neki van igaza, mert a napi 5x bekapott gyógyszer-elosztás bizonyul megfelelőnek. Végül 0,25 mg egyszerre nem nagy mennyiség. Remélem, igaza van...

Én mondjuk azt gondolnám laikus fejjel, hogy hozzászoktam kicsit a gyógyszerhez. Dehát végül is ez csak egy mankó, a végső megoldás a Zoloft lesz, csak hogy annak is kell még egy hét, mire el kezd hatni. Az átmeneti állapotban kell a Frontin, csak az a bibi, hogy ez egy baromi hosszú átmeneti állapot. Ha tényleg csak teljesen tünet- és hullámvölgymentes 2 hónap után kezdhetjük el csökkenteni, az el fog tartani egy darabig. Hiszen még el sem kezdődött.

21.00: Megint nyertem egy apró ütközetet. Délután nem volt szükség plusz adag gyógyszerre, elég volt a déli adag valamikor negyed három magasságában.

Maradjunk a hullámvölgynél
2006. április 26. szerda

9.30: Ma már csak 5 óra 8 perckor ébredtem, de megpróbáltam nem odafigyelni a bennem dúló szorongásfoszlányokra. A kicsik is ébredtek fél hatkor, így ők maximálisan elterelték a figyelmemet. A reggeli adag gyógyszer bevételét sem kapkodtam el, már majdnem 7 óra volt, hogy bekaptam.

Oviból hazafelé viszont eszembe jutott a mellvizsgálat és megint rám tört az aggódás. De ez nem szorongás, azt hiszem. Legalábbis szeretném azt hinni, hogy ez egy természetes aggodalom az egészségi állapotom iránt. Most bemegyek a nőgyógyászatra rákszűrésre és akkor biztosan megtapogatják a melleimet is, ha megkérem rá a doktor bácsit. Jó lenne néhány megnyugtató szó ezzel kapcsolatban.

13.40: Túl vagyok a nőgyógyászaton. A rákszűrés eredménye egy hónap múlva lesz meg, viszont a melleimmel nincs probléma. Nyirokcsomók vannak benne csak, amiknek az állapota folyamatosan változik attól függően, hogy mennyire aktívak; ill. tejmirigyek lehetnek benn, amik meszesedésnek indulnak. Valamelyest megnyugodva tértem haza és annak örültem, hogy viszonylag problémamentes volt a délelőttöm.

Egy óra után viszont kemény szorongás fogott el. Be is vettem a déli adag gyógyszert, de az azóta eltelt félórában komoly halálfélelem tört rám. Épp a barátnőmnek írtam e-mailt, tehát semmi negatívum nem volt, csupán halovány zsibbadást éreztem a kezeimben és ez épp elég volt ahhoz, hogy megint kiváltsa a „rohamot". A gyógyszer már nem olyan ütős, lassabban hat. Próbálom persze magamat is nyugtatni... De elég ijesztő, hogy bármi, ami eltér a normálistól, vagy csak picit is aggasztónak vélek egy érzést, máris kitör rajtam a pánik miatta. Sőt, időnként még tünet sem kell hozzá, jön magától a szorongás. HOGY MENNYIRE GYŰLÖLÖM ÉN EZT! Vagy a beteg elmém gyártja ezeket a tüneteket, hogy lehessen mitől pánikolni? Mert akkor magammal foglalkozom? Ezért hívják ezt pszichoszomatikus betegségnek, mert az ember elméje hozza létre a testi tüneteket? Ezek a tünetek valóban ott vannak, csak épp nem szervi eredetűek, hanem a pszichém idézi elő őket. Csodálatos...

16.12: Hát, nem vagyok csúcsformában! Megint – vagy még mindig? – itt a szorongás. Próbálok magammal toleráns lenni, türelmes, meg kitartó. A pszichiáterem szerint a Zoloftnak kell még egy hét legalább, hogy hasson, tehát jövő hétfőig nem várhatok magamtól ugrásszerű javulást. Be is vettem egy 0,25 mg-os Frontint, remélve, hogy a délután hátralévő része már kellemesebb lesz. A kora délutáni roham – bár nem volt nagyon hoszszú – eléggé megviselt. Talán azért, mert nem számítottam rá. Eddig – hétfő óta – mindig jobb volt egy kicsit. Az étvágyam is mintha visszatért volna; ma már jóízűen reggeliztem, jól esett az ebéd is. Sőt, most nyomtam be egy kakaós csigát is. Úgy értékeltem az elmúlt 2 nap hullámzásait, hogy a délutánjaim békések, szorongásmentesek és ha jön a rossz érzés, az inkább délelőtt, ill. dél körül jön. Erre ma a délelőttöm volt jobb...

Ez a hülye bizsergés a kezemben marhára idegesít és a görcs itt van a gyomrom tájékán. Most már csak abban reménykedem, hogy ez a kis plusz adag Frontin segít és nem tör rám ma már ez az utált szorongás.

2006. április 27. csütörtök

6.00: Nem magamtól ébredtem ma és ennek örülnöm kellene. ¾ 5-kor jött a lányom, fél 6-kor a fiam, de a két időpont között aludtam. Gyakorlatilag nem jobb és nem rosszabb, mint tegnap vagy tegnapelőtt ilyenkor, de a tegnapi kora délutáni pánik miatt nem vagyok olyan bizakodó. Mintha azt mondta volna a pszichiáter, hogy már nem lesznek erős rohamok! Kérdés, hogy szerinte mi az erős? Nem tudok mást tenni, mint becsületesen szedni a gyógyszereket, ha kell, akkor plusz adagot beveszek és várom a gyógyulást. De ilyen hullámzó mentális állapotban nem merek nekivágni az unokahúgom ballagásának. Ez kicsit elszomorít, de nem vállalom be a közel 300 km-es vonatozást.

12.00: Ma egész délelőtt elég zaklatott voltam. Tízkor vettem is be egy +0,25 mg-os Frontint. Továbbra sem tökéletes a helyzet bennem. ☹ A Zoloft papírján az volt, hogy akár 2-4 hét is eltelhet, mire jobban érzi magát a páciens. Ahogy én ismerem a formámat, nekem biztosan kell majd a négy hét. („Imádom" magamban ezt a zsigerből jövő „pozitív" hozzáállást.) Pedig még két hete sincs, hogy szedem. A Frontinhoz pedig már kezd hozzászokni a szervezetem szerintem. A pszichiáterem is azt mondta, hogy egy idő után kialakulhat a függőség és több kell belőle. Hát, legyen! Beveszek délelőtt és délután is egy plusz adagot. Hátha a rendszerességgel eredményesebb leszek, mintha csak egyszer-egyszer kapok be belőle. A Zoloft pedig csak hat már egyszer a közeljövőben!

21.00: Délután mégsem vettem be gyógyszert. Eszembe sem jutott, mert csodák csodájára jól voltam!

2006. április 29. szombat

8.50: Szinte hihetetlen, de tegnap egész nap jól éreztem magam. Nem kellett plusz adag Frontin és egész nap TÜNETMENTES voltam. Istenem, de jó is pánik, szorongás nélkül élni!!! Még ha csak egy teljes napot is.

Most azért van bennem egy kis félsz, aggódás. Amolyan félelem a szorongástól. Hogy milyen lesz ma? Hogy elindultam-e már felfelé a lejtőn, vagy lesznek még hullámvölgyek?

2006. április 30. vasárnap

Jó volt a szombat is, és a mai nap is. Szombaton – főleg délelőtt – volt még egy kis szorongás bennem, de semmi komoly. Ma meg már gyakorlatilag egész nap és teljesen jól voltam. HURRÁ!

2006. május 04. csütörtök

6.10: Napok óta jól vagyok gyakorlatilag. Időnként előfordulnak pár perces megingások, de ezektől eltekintve szinte tünetmentes vagyok. Olyannyira, hogy azt hiszem a tegnap déli adag Frontint be sem vettem... ☺ Ebédnél még eszemben volt, utána már csak valamikor késő du. jutott eszembe, de nagyon úgy rémlett, hogy végül nem vettem be.

Most viszont reggel elég volt pár másodpercnyi szabálytalan szívműködés és újra elborított a pánik a kisujjam hegyéig. Csak pár furcsa dobbanás volt, és mégis. Már abban a pillanatban éreztem a pánikot, amikor éreztem a félreütést. Zsigerből jött a rémület. Nevetséges, hogy ennyire érzékenyen reagálok minden normálistól eltérő apróságra ☹. Ez valóban kóros!!! Elmúlik ez valaha egyáltalán, vagy most már mindig számíthatok rá, hogy végig kíséri az életemet a halálfélelem?

18.00: Ma nem voltam csúcson mentálisan. Nem tudom, hogy ez csak rossz hangulat-e, amit kicsit eltúloztam, vagy hullámvölgy. A pszichiáterem anno azt mondta, hogy sokszor egy teljesen normális rossz hangulatot – ami mindenkinél előfordul nap, mint nap – hajlamos a pánikbeteg a betegség tünetének tulajdonítani... Ezt hogyan sakkozza ki a pánikbeteg? Rossz hangulat, vagy épp szorongás??? Sokkal egyszerűbb mindent a pánikbetegség számlájára írni, nem?

2006. május 05. péntek

5.15: Ma megint felriadtam 4:20-kor és akármennyire is igyekeztem, nem tudtam visszaaludni. Jött a szorongás és nem hagyott békén. Nem tudom, mi ez. Olyan volt, mintha attól félnék, hogy megismétlődik a tegnap reggel. Csak forgolódtam jobbra-balra, próbáltam lazítani, de a szorongás megint legyőzött. Nem borított el, nem volt nagyon erős, de ahhoz elég intenzív volt, hogy ne hagyjon aludni és negatív gondolataim támadjanak tőle. 5:10-kor felkeltem, nem láttam értelmét tovább vergődni az ágyban és bevettem a reggeli adag gyógyszert, majd leültem írni. Egyszerűen nem értem az agyamat, magamat és ezt az egészet: miért vannak ezek a szorongások, amikor szedem becsülettel a gyógyszereket? Az antidepresszánsnak végre már hatnia kellene, ennyi idő után, nem?

12.50: Egész délelőtt bennem volt egy erős izgatottsághoz hasonló érzés és ez nagyon zavaró. Be is kellett vennem egy plusz adag Frontint. Jobb is lett egy időre, de már megint érzem, hogy itt a gyomrom környékén ez a pocsék érzés. Mint, amikor vizsgák előtt izgultam, ahhoz hasonlít. Nagyanyáink ezt hívhatták gyomoridegnek.

De miért? Szedem a Zoloftot is és a Frontint is rendesen, nem történt velem semmi, ami miatt szoronganom kellene. Akkor meg miért? Ez lesz most már mindig? Egy hétig jól vagyok, aztán jön a szorongás? És amit utálok még benne, hogy már tiszta gebe vagyok, kiesek a nadrágomból. Meddig fogyok még? Mert étvágyam nincsen ilyenkor.

Nem értem a hullámzást
2006. május 06. szombat

Tegnap délután rendben voltam, miután bevettem a déli adag Frontint is. Este TV nézés közben azonban megint a gyomor tájékomra telepedett ez az érzés, de ezt is megoldotta az esti adag gyógyszer és szerencsére el tudtam aludni.

5.40: Viszont ma hajnalban felébredtem megint. Korábban, mint eddig bármikor; 2:08-kor. Próbáltam aludni, de 2:58-kor már megint fenn voltam. Aztán 3:15-kor ismételten az órát néztem. Be kellett vennem egy plusz adag, 0,25 mg-os Frontint, de nem sokat használt, csak bő egy órát sikerült aludnom és újra felriasztott ez a nyomorék szorongás. Forgolódás, 10 perc alvás, újabb helyezkedés, 20 perc alvás. Így megy hajnali kettő óta, pedig olyan álmos vagyok, hogy majd kiesik a toll a kezemből... Tele van a hócipőm ezzel az állapottal!

8.40: Végül ¾ 6-kor bevettem a reggeli adag Frontint és aludtam újabb fél órát. Hétkor bement a Zoloft is, de nem mondhatnám, hogy tökéletes az állapotom. Itt a gyomrom körül ez az átkozott érzés. Nem értem ezt az instabilitást: egy hétig teljesen tünetmentes vagyok a 3 x 1 Frontinnal, azután visszaesek, és nincs más lehetőségem, mint plusz adagokat bevenni.

Elborít a bizonytalanság, hogy jobban leszek-e valaha. Pocsék érzés, hogy kezd elveszni a bizalmam a gyógyszerekben. Azt hiszem, megint beszélgetnem kell a pszichiáteremmel, mert ezt sokáig nem bírom. Ezek alapján azt kell mondanom, jó döntés volt, hogy nem indultam neki az utazásnak a ballagás miatt. Most senkinek sem lenne jó, ha ott ilyen hülye lennék. Persze az is lehet, hogy ha elmentem volna, akkor most nem lennék ilyen szorongós. Talán ezt a szorongást most a bűntudatom generálja?

Az enyhe szorongástól is szörnyen érzem magam.

Minden hullámvölgyet egyre nehezebben viselek, ahogy haladok előre az időben. Azt várnám, hogy idővel mindig könnyebb lesz egy kicsit. Viszont itt van a görcs a gyomromban folyamatosan, amitől nem érzem jól a bőrömben magam, mert nem érzem a javulást.

10.30: Muszáj volt beszélnem ismét a pszichiáteremmel – igaz, csak futólag, mert épp rohant valahová, de megígérte, hogy este szakít rám időt, ha felhívom kilenc körül. Addig próbálom magam elviselni és végzem a dolgomat. Arra gondolok, hogy rendkívül szerencsés vagyok az orvosommal, mert nem hiszem, hogy mindenki magáénak tudhat egy ennyire lelkiismeretes pszichiátert, akivel bármikor lehet beszélni, ha a beteg elme úgy érzi, hogy szüksége van rá. Korántsem egyszerű azonban normális kerékvágásba terelni a napomat, mert egyre erősebb bennem a szorongás és ezzel egyenes arányban érzem magam rosszabbul. Be is ugrik egy +0,25 m Frontin... remélem, hogy segít... Közben, ami a fejemben van, az elég kusza és nem értek semmit. Két hete emelte fel az orvosom az antidepresszáns adagomat a duplájára, mert a gyógyszerváltás miatt rosszabbul voltam. De nem kellene ennek már végre beállnia és hatni??? Most mitől vagyok megint rosszabbul??? Mi ez az újabb hullámvölgy? Én ebbe szép lassan bele fogok bolondulni...

13.15: Amíg a családom ebédelt én aludtam egy órát, mert a bevett Frontin elég erősen lenyomott a kevés éjszakai alvás után. De sajnos hamar felriadtam a gyomor magasságában belém nyilalló szorongásra. Ez sajnos folyamatosan erősödik. Már nagyon rég nem éreztem ilyen erősen... Kész téboly! Bevettem a déli adag gyógyszert és várom a hatását. Rettentően elkeserít ez a helyzet, mert amióta gyógyszereket szedek, ennyire erős szorongás nemigen vett elő. Gyógyszerek mellett nem szabadna, hogy ilyen erős legyen bennem ez az érzés, már-már pánikig fokozódik. Az egészben a legfrusztrálóbb a tehetetlenség, ami elborít. Szörnyen kétségbeejtő érzés: miért szorongok ennyire, ha szedem a gyógyszert? Ez a legaggasztóbb számomra: napi 2 Zoloft mellett 1,5 mg Frontin időnként kiegészítve egy-egy 0,25 mg-os adaggal kellene, hogy csökkentse bennem ezt a hatalmas szorongást. Miért nem használnak a gyógyszerek? Pedig voltam tünetmentes is már a gyógyszerek mellett, most mi a baj? Plusz adagokkal is rosszul érzem magam... Ez számomra teljes mértékben érthetetlen. Gondolom a pszichiáterem tudni fogja az okokat és remélhetőleg a megoldást is. Ha tippelnem kellene, akkor azt mondanám, hogy fel fogja emelni a Frontint, vagy ír másik fajta gyógyszert helyette. És tuti azt fogja mondani, hogy ez egy természetes hullámvölgy. No de könyörgöm, mennyi lesz még belőle???

Csak este kilencig bírjam ki, amíg beszélünk!

A másik nagy kérdés: Mi váltotta ki megint? Talán ezért van, mert nem mentem el a ballagásra? De jó, hogy nem mentem, hiszen mit csináltam volna, ha az ország másik végén egy családi eseményen tör rám ez a pánik? Halál ciki lett volna.

De, ami a legjobban zavar, az az, hogy legutóbb azt mondta az orvosom, hogy lesznek rosszabb napok még gyógyszer szedése mellett is, amíg beáll az egész, de komoly roham már nem lesz. Hát ezt most megcáfolnám...

21.10: A déli adag gyógyszer elég jól rendbe tett. Még anyukámhoz is el tudtam menni a gyerekekkel. Maradt egy kis elenyésző görcs bennem, de az már szinte semmi volt a korábban érzettekhez képest. Este hatkor bevettem + 0,25 mg-ot, hogy az estit el tudjam húzni sokáig és akkor talán reggel nem lesz annyira rossz. Próbálok taktikázni az adagokkal, mert az orvosom nem mondott sok mindent, amikor beszéltünk, csak keresett egy időpontot nekem hétfő délutánra, amikor lesz rám 45 perce. A hangjában némi tanácstalanságot véltem felfedezni, de megnyugtatott, hogy az a mennyiség, amit szedek Frontinból, az nem sok, nem kell emiatt aggódnom. Hát... lehet, hogy nem sok, de sajnos nem is vagyok vele tünetmentes.

2006. május 07. vasárnap

10.00: Éjjel most is többször fenn voltam, de mindig sikerült visszaaludnom. Végül fél ötkor ébredtem a menetrend szerint érkező szorongásra. Sikertelenül próbálkoztam elalvással egy órán keresztül, mert csak rövid bóbiskolások lettek az alváskísérletből. Fél hatkor feladtam, bevettem a reggeli adag gyógyszert. Nem nagyon múlik el a bensőmből ez a gonosz érzés, folyamatosan itt van bennem ez a megmagyarázhatatlan feszültség. Nem olyan rossz, mint tegnap volt, de rendesen rányomja a bélyegét a hangulatomra. Próbálok pozitív lenni, mondogatom, hogy nem hagyom magam, nem fog legyőzni ez a dög szorongás, én vagyok az erősebb. Nem hagyhatom el magam, nem engedhetem, hogy ez a mentális probléma legyőzzön! Nem és nem!!!

Elhatározni könnyű, végez vinni már kicsit nehezebb. Végzem a teendőimet, még ha nehéz is, mert ha beleburkolódzok a szorongásba, akkor egyre mélyebbre húz a spirál a mocsárba. Küzdeni kell... Ebben segít most egy plusz adag 0,25 mg Frontin.

13.00: Sikerült legyártanom az ebédet délelőtt, ami sikerélménnyel tölt el, sőt ebédelni is tudtam; mindkét fogásból ettem egy-egy kicsi adagot.

Ebéd után leültem a gyerekekkel mesét nézni, de egyik pillanatról a másikra elborított megint a szorongás, de úgy istenesen. Bekaptam a déli adag gyógyszert és remélem, hogy most is helyrebillent majd, mint tegnap. Már csak ismételni tudom magam: gyűlölöm ezt az érzést, és azt leginkább, hogy nem tudom elviselni. Szörnyű! És ott a fejemben egy hatalmas kérdőjel: Miért? Miért történik ez velem?

Mikor szabadulok meg tőle?
2006. május 08. hétfő

Tegnap nem volt szükség plusz adag gyógyszerre, egész tűrhető volt az állapotom, majdnemhogy tökéletes. Voltak tünetmentes óráim is.

Ma viszont hajnali négykor ébredtem és azonnal be akartam venni egy plusz adag Frontint, de azután elvetettem a gondolatot: küzdeni kell... Próbáltam aludni, ami sikerült is, igaz, csak félórát. Fél ötkor újra fent voltam, azután megint fél óra szundikálás következett és ez így ment 6:10-ig. Tovább nem is kísérleteztem, mert úgyis hamarosan ébreszteni kellett a gyerekeket. Indul a napi rutin, amibe most már beletartozik a gyógyszerelés is. Utálom az egészet, nagyon rossz ezzel a szorongással a bensőmben élni a mindennapokat. Kezdek belefáradni. Tegnap még annyira egyszerű volt elhatározni, hogy erős leszek. Most nem látom olyan tisztán, hogy képes leszek rá...

Mi ez egyáltalán? Nem bizonyos dolgoktól pánikolok, ez nem az a pánikbetegség, amiről szólnak a tankönyvek. Azt sem tudom igazából megfogalmazni, mi ez a bensőmet mardosó érzés, csak azt tudom most, hogy pokollá teszi az életemet. Mi van, ha egy bennem lappangó komolyabb betegség tünete és nem önálló kórkép? A fejemben pedig folyamatosan itt zakatol a kérdés: Miért nem használnak a gyógyszerek??? Mi ez az állandó hullámzás? Az egyik óra jó, a másik elviselhetetlen. Az egyik nap szinte semmi bajom, a másik napom tisztán az erős szorongásról szól. Remélem a pszichiáterem ma választ tud adni ezekre a kérdésekre. **13.30:** A délelőttöm gyakorlatilag a mostanában megszokott mederben telt el: az aggódás jellegű görccsel gyomortájékon, ami hol kevésbé volt zavaró, hol jobban. Ezért be is kellett vennem egy plusz adag Frontint, mert nem akaratam, hogy elhatalmasodjon rajtam ismét a szorongás. **16.35:** Megjöttem az orvosomtól. Azt mondta, meg kell találnunk azt a napi Frontin adagot, ami mellett hosszú távon tünetmentes lehetek. Az volt a javaslata, hogy a hébe-hóba bekapott plusz adagokat iktassam be rendszeresen szedett gyógyszernek, így kicsit emelkedik a napi adagom. 1- ½ - 1 - ½ -1 adagolásban kell szednem napi 2 mg-ot. Ha ez nem elég, felmehetek napi 3 mg-ig. Ha így sem használ lecseréljük és másik gyógyszerrel próbálkozunk. Hát ez „biztató". Szóval most még napokig kísérletezhetek, hogy mennyi gyógyszer mellett leszek tünetmentes. Ez most így elég elkeserítő, annak ellenére, hogy a pszichiáter bizakodó. Szerinte ez maximálisan GYES-betegség. Olyan dolgot kellene találni, ami kiszakít ebből a mókuskerékből. Pl. egy nyelvtanfolyam, vagy bármi, amit egyedül csinálhatok a gyerekeim nélkül, csak önmagamért. Nem is tudom, fura ezt elképzelni, hogy itt hagyom a négy gyereket és magammal foglalkozok. De bármennyire megbotránkoztat most ez az ötlet, ideje lenne végre magammal is törődni. Ha belegondolok, nem is ördögtől való a gondolat. Hiszen most is magammal foglalkozok, erre kényszerít a szorongás...

2006. május 09. kedd

Ma szinte egész nap jól voltam. Hihetetlen! Mindig időben bevettem a gyógyszereket és nem erősödött szorongássá a szokásos enyhe aggodalomszerű érzés.

2006. május 12. péntek

Gyakorlatilag kedd óta jól vagyok és ma reggel fél 7-kor ébredtem.
Nem is tudom, hogy mikor fordult elő utoljára, hogy nem hajnalban ébredtem a hülye szorongásaimra. Persze kínosan ügyelek
arra, hogy véletlenül se maradjon ki egyetlen adag gyógyszer sem.
Kezdek bizakodni, hogy a jelenlegi gyógyszerelés mellett és
az orvosommal 1-2 hetente történő konzultációval sikerül végre
tünetmentessé válni és újra önmagam lehetek.

2006. május 19. péntek

Ma azt kezdtem el számolni, hogy mióta is vagyok tünetmentes? Két hétre saccoltam, de csak 10 napja... Bár igazából azt
sem tudom biztosan, mi is számít tünetmentesnek? Pánikrohammentes napokat, vagy a teljes szorongásnélküliséget? Mert
szorongás, túlzott aggódás nélkül biztos nem telik el két hónap,
hiszen nem tudok kibújni a bőrömből. Ha bármi rendelleneset
tapasztalok magamon, úgyis elfog a halálfélelem, mert így vagyok összerakva gyárilag. És minél idősebb leszek, annál több
ilyen dolog lehet értelemszerűen, amire – gyógyszer ide, vagy
oda –, tutira szorongással, pánikkal fogok reagálni zsigerből.

Nem az igazi, de jól vagyok.
2006. május 29. hétfő

Nincs komoly pánik vagy erősebb szorongás sem, csak aggodalom egy-egy jelentéktelen tünet miatt, amit felnagyítok. De
sanszos, hogy ez így is marad, amíg élek, mert ezen a beállítódáson nem tud segíteni semmilyen gyógyszer. Viszont érzek
magamon depresszív tüneteket is kis mértékben: rutinból csinálom a feladataimat, nincs semmi élvezni való az életemben,
sőt a gyerekeket is nyűgnek érzem időnként. Ez sem normális
dolog. De tény, hogy a nagycsalád miatt nincs is saját életem:

csak anya vagyok, háziasszony, feleség... Ki vagyok én ezeken kívül egyáltalán???

2006. május 10. szombat

Mostanában furcsa belső bizonytalansággal ébredek. Ez egy nagyon furcsa, megmagyarázhatatlan érzés. El is illan, amint a reggeli teendők beindulnak. Bár mostanában a dolgaimat is csökkentett intenzitással végzem: megcsinálom, amit nagyon muszáj, vagy amihez épp kedvem van, de csak fásultságot érzek, mert elegem van ebből a minden nap újra induló háztartási robotgép szerepből. És a gyerekek is feszültté tesznek, nincs hozzájuk türelmem. Kiszolgáló személyzet vagyok, hiába igyekszem önállóságra szoktatni őket, kell még jó pár év, amíg megcsinálják maguknak a dolgaikat.

Közben pedig azon agyalok, hogyan is találok magamnak majd munkát? A közigazgatásban teljes a létszámstop, sőt leépítések várhatóak. Így ebben a szférában nem hiszem, hogy találok magamnak állást. A munkaügyi központban is jártam, hátha tudok rajtuk keresztül elvégezni valami tanfolyamot, hogy szerezzek egy újabb szakmát, amivel esetleg el is lehet helyezkedni. Most a közbeszerzési referens és a pályázatíró indul, de én GYES mellett csak heti 20 órás tanfolyamra mehetnék. Ez a kettő pedig egyébként is távol áll tőlem.

Szóval úgy érzem, hogy van okom a depresszióra. Nem is egy. Szerencsére – le is kopogom – legalább a pánik és a szorongás elkerülnek mostanában. Bár ma volt egy apró megingásom: eszembe ötlött, hogy mi van, ha allergiás vagyok valamelyik fertőtlenítő vagy fájdalomcsillapító szerre, amit belém nyomtak ma a sürgősségin? De csak egy futó gondolat volt, hiszen ott egy allergiás reakciót is tudtak volna kezelni. Ért ugyanis egy kis háztartási baleset, amelynek nyomán a SBO-n kötöttem ki: törölgetés közben eltört a kezemben egy bögre és úgy csapódott neki az alkaromnak, hogy az egyik éles darabja a csontig hatolva felhasított. Össze kellett varrni és a csonthártya is megsérült. Remek. Ez még hiányzott ám...

Viszont minden rosszban van valami jó: igazoltan fel vagyok mentve a házimunka és főleg a gyerekfürdetés alól. Tessék: megláttam a jót a temérdek rossz között! Kezdek optimistává válni? Amúgy nem.

2006. május 23. péntek

Ma is tanulságos beszélgetésünk volt a pszichiáteremmel; egyrészt haladnom kell a megkezdett úton tovább, tovább kell vinni a „reformokat". Vagyis a nagyobb gyerekek bevonása a házimunkába hosszú távon gyümölcsöző lehet, és többet rájuk lehet bízni a kisebb tesók felügyeletét is. Másrészt az ikrek önellátó tevékenységeit is erősíteni kell: végezzék egyedül a dolgukat a WC-n, törölközzenek meg önállóan. A „kiszolgáló személyzet" szerepet fokozatosan le kell építeni.

Másrészt rávilágított az anyu és köztem feszülő generációs probléma gyökerére. Az anyu más korban nőtt fel, más környezetben, más elvárásokkal, teljesen más értékrenddel. Nagy családban éltek, természetes volt, hogy összetartanak, ápolták az öregeket és lassúbb volt az élet tempója. Ők azért is szültek gyereket, hogy öreg korukra legyen majd támaszuk, ahogy ők is támogatták a velük élő idősebb generációt. Ezzel szemben öregségükre kaptak egy rohanó világban élő, stresszel teli felnőtt gyerekeket, akiknek nincs idejük arra, hogy segítsenek nekik és emiatt csalódottak. Ez a kiábrándultság teljesen érthető, nem ezt várták áldozatokkal teli életük alkonyán. Ugyanakkor az általam érzett csalódottság is teljesen jogos, mert nekem pedig a mai kor szellemének megfelelő, segítő anyai támaszra lenne szükségem, aki önpusztító és mártír életmódja helyett igazi nagymamája lenne az unokáinak, aki időnként elhozza őket az óvodából, aki elvállalja néha őket egy-egy estére, hogy mi egy kicsit tudjunk kettesben lenni a férjemmel. Ez egy óriási ellentét, különböző elvárások ütközése, amiket lehetetlen egymás felé közelíteni és állandó feszültség- és súrlódásforrás.

Harmadrészt elkezdtük csökkenteni a Frontint: mától elhagyhattam a délelőtti adagot, és hetente csökkentjük további féllel. Remélem, hogy sikerülni fog teljesen elhagyni ezzel a fokozatossággal úgy, hogy nem lesz közben visszaesés vagy újabb hullámvölgy.

Csökken a gyógyszeradag
2006. május 25. vasárnap

Ma elég érdekes hangulatban és érzésekkel ébredtem. Mint aki másnapos... Pedig csak később feküdtem le a szokásosnál, mert a neten rátaláltam egy régi barátnőmre és neki írtam levelet. 11 után feküdtem le, de nehezen aludtam el, hajnalban pedig egy hülye kutya nem hagyott aludni, szerintem mindenkit felvert az ugatásával a környéken.

Az ikrek is korán ébredtek, jött a szokásos „pisilni kell, éhes vagyok" műsor. Erre már dühös lettem. Rájöttem, hogy nagyon bosszantanak azok a dolgok, amire nincs befolyásom, ami ellen tehetetlen vagyok, vagy amit nem én irányítok. Itt vannak a gyerekek, fel kell nevelni őket, bármennyire is fárasztó időnként... Itt a kánikula, el kell viselni, ez ellen sem tudok sok mindent tenni. Gyűlölöm, hogy csak úgy sodor az élet, és nem szól semmi másról csak az elvárásokról és a kötelességek teljesítéséről!

Hát, elég hullámzó vagyok...
2006. május 30. péntek

13.00: Nem volt szerencsére abból gond, hogy a délelőtti Frontin adagot elhagytam a héten. Sőt, gyakran a délutánit is csak késő délután vettem be. Így ma eldöntöttem, hogy egy hét múlva azt sem fogom már szedni.

Éjjel sajnos nem aludtam jól; először jött a zivatar, majd a becsukott ablak miatti meleg nem hagyott aludni, utána jött a gyerek, hogy pisilni kell, majd a férjem horkolása nem hagyott aludni. Kiköltöztem hát a nappaliba, ahol hűvösebb volt és csend. De ennek sem sokáig örülhettem, mert jött a másik gyerek, hogy vérzik az orra... Szóval nem ébredtem kipihenten. Hűvösebb lett, de én mégis izzadok és nyűgös vagyok. Ez a hidegbetörés jobban megvisel, mint az eddigi folyamatos kánikula. Az ember lánya azt várná, hogy a 10 fokkal hidegebb hőmérséklettől magához tér, felfrissül, ehelyett teljesen nyomi lettem. Dél körül rám jött egy fura belső remegés, amire azonnali válaszreakcióként meg is jelent egy kisebb pánik, de szerencsére nem tartott sokáig. Gondolom ez is inkább az időjárás változásnak tudható be, mint annak, hogy csökkent a Frontin adagom.

19.00: Délután egész jól éreztem magam, de hat körül megint elkezdtem magam furán érezni; meghatározhatatlan, aggódásszerű szorongás borított el. Úgy gondolom, hogy mégsem jött még el annak az ideje, hogy elhagyjuk a délutáni adag Frontint.

2006. július 01. szombat

6.00: Nyugodt, alvással töltött éjszaka után kipattant a szemem 5 óra 10-kor, mint akinek szóltak. És hiába próbáltam visszaaludni, percekig tartó szendergésekig jutottam csak. Itt a jól ismert és utált görcs a gyomromban és onnan minden sejtembe szétárad a szorongás és a félelem. Volt már rosszabb is, de ahhoz épp elég, hogy rosszul érezzem magam a bőrömben. És itt a kérdés újra: Miért? Frontérzékenység? Gyógyszercsökkentés hatása? Vagy a közeledő menstruáció? Tanácstalan vagyok és a rossz érzések újra elborítanak.

2006. július 02. vasárnap

6.30: Tegnap délelőtt végig nagyon borongós volt a hangulatom, folyamatosan mardosta a bensőmet valami megfoghatatlan aggodalom féle. Nem a megszokott szorongás volt, nem is pánikszerű, de azt hiszem ezeket teljesen mindegy hogyan nevezem, mind egy tőről fakadnak. Érdekes módon délután és este semmi bajom nem volt, de ma reggel ismét úgy ébredtem, mint tegnap: fél öttől fél hatig csak forgolódtam, néha el-elszundítottam 1-1 percre, de leginkább az ébrenlét és elalvás határán voltam kusza gondolatokkal a fejemben. Folyton a miérteken kattogok, de nem tudom mit is tennék, ha egyszer megtalálnám a választ. Nem biztos, hogy segítene rajtam, ha tudnám miért vannak bennem ezek a szorongások, mert én ilyen vagyok, aki az átlagnál érzékenyebben reagálok dolgokra. Ezen nem hiszem, hogy lehet változtatni.

12.30: De én nem akarok ilyen lenni!!! Próbáltam a férjemnek is megfogalmazni, hogy mi van bennem, mit érzek, de gyakorlatilag belém fojtotta a szót azzal, hogy „Teljesen bele lovalod magad"... Ennél azért kicsivel több megértésre számítottam volna. Persze őt is meg lehet érteni, elege lehet már az én mentális marhaságaimból. Délelőtt gyakorlatilag ugyanaz volt, mint tegnap. Végeztem a dolgomat gépiesen, de közben végig ott volt bennem a szorongás. Időnként felerősödött pár percre, majd elmúlt félórára. Mintha egy hullámvasúton ülnék... Mikor már annak örültem, hogy a gyógyszerrel végre tünetmentes vagyok. És itt a pofára esés, mert mégsem. Korántsem olyan erős, mint korábban, de arra pont elég, hogy ne érezzem normálisnak magam. Vagy tényleg csak belemagyarázom, ahogy a férjem mondta? Lehet, csak simán rosszkedvű vagyok valami miatt, de én szorongásnak értékelem? Most már mindenre ezzel az érzéssel fogok reagálni?

De hiába is gyártom magamnak a különböző elméleteket, attól nem változik sajnos semmi és nem lesz jobb sem. Ami a legrosszabb, az a felismerés, hogy ez végig kíséri az egész életemet majd és jól megkeseríti.

Bevettem a déli adag gyógyszeremet és ha hihetek az előző két nap forgatókönyvének, akkor délután semmi bajom nem lesz. Remélem így lesz.

2006. július 05. szerda

Hát ma sem voltam a topon mentálisan, de valamivel jobb volt, mint tegnap. Tegnap nagyon pocsékul éreztem magam; olyanynyira, hogy még arra sem voltam képes, hogy írjak róla, mert azt éreztem, hogy ha szavakba öntöm, akkor még rosszabb lesz. Érdekes, hogy pont tegnap voltam a legrosszabbul a pénteken kezdődött hullámvölgy kezdete óta, amikor a gyerekekkel a barátnőmékhez mentünk és nem volt semmi kötelezettség, semmi házimunka. Mégis pocsékul voltam, mert délelőtt állandósult a szorongás egy riasztóan erős pár percig tartó pánik után. Ebéd után is volt egy kb. félórás pánikroham és ezt követően már egész délután ott volt a gyomrom környékén a jól ismert, gyűlölt érzés. Fel is hívtam az orvosomat, de csak röviden tudtunk beszélni, mert épp Debrecenben volt. Érdekesnek találta, hogy a gyógyszercsökkentést követően eltelt egy egész hét és csak utána kerültem ismét hullámvölgybe, mert a páciensek többsége már 3-4 nap elteltével érzi, ha nem jó. Minden esetre azt javasolta térjünk vissza az eredeti adagoláshoz, mert lehetséges, hogy hamar kezdtük el csökkenteni a dózist. Én meg azt éreztem, hogy ez az egész gyógyszeres kezelés csak spekuláció. Az orvos próbálkozik ezzel, azzal és én vagyok a kísérleti nyúl.

Így most vissza kell állni a 1 – fél – 1 – fél – 1 Frontin dózishoz...
2006. július 17. hétfő

Három napja furcsa feszültséggel a zsigereimben ébredek. Érdekes izgatottság, szorongásféle, de ez nem AZ a szorongás. Jobban hasonlít az aggodalomhoz, feszültséghez. De megint fogalmam sincs, hogy miért is vett elő ez az érzés ismét. Lehet az időjárás változása, mert megint lehűlt a levegő. Legutóbb is egy ilyen hidegbetöréskor jöttek elő a szorongások. Megkezdődött a nyári óvoda szünet is, tehát az összes gyerekem itthon nyüzsög 0-24-ben, ami azért megterhelő. Emellett elkezdtünk készülődni a nővéremékhez, ami mindig fárasztó, hiszen sok gyerekkel kell messzire utazni. Szóval sok ok lehet, de indokot szinte mindig tudok találni. De már nem érdekelnek a magyarázatok, egyszerűen el akarom felejteni ezt az egészet, búcsút akarok inteni az állandó félelmeknek és szorongásnak. Normális életet szeretnék végre élni. Attól félek azonban, hogy ez lehetetlen, mert itt az én egyéni érzékenységem. Stressz mindig volt, van és lesz is, tehát gyakorlatilag bármikor bármi kiváltathatja ezeket az érzéseket, hiszen egyfolytában olyan élethelyzetek váltják egymást. Ha belegondolok, lehangolt leszek ettől is. De holnap legalább ezeket a gondolatokat meg tudom osztani az orvosommal.

2006. július 18. kedd

A pszichiáteremmel történt beszélgetés után szokás szerint megnyugodva tértem haza. de ez a békesség sajnos nem tartott sokáig. A férjem már tegnap is megpendítette, hogy egyáltalán minek utazunk el a tesómékhoz. Nem lesznek otthon a gyerekeik és a nővérem a sógorommal biztosan nem arra vágynak, hogy vendégül lássanak négy szeleburdi gyereket. Nyilván csak udvariasságból hívtak, mert tudták, hogy csórók vagyunk és nem telik szállásra. Ha oda nem megyünk, akkor semmiféle nyaralás nem jönne össze nekünk és ezzel ők tisztában vannak. Először azt gondoltam, hogy van igazság abban, amit mond. Azután átgondoltam és minél többet gondolkodtam, annál dühösebb lettem. A nővérem szerencsére nem így gondolkodik, hiszen örül, ha láthat bennünket. A lakóhelyeink közötti nagy fizikai távolság miatt ritkán találkozhatunk. Sem velük, sem a gyerekekkel nem tehetem meg, hogy két nappal az utazás előtt lemondom az egészet, amikor két hónapja tervezzük és szervezzük. Nekem is ez az egy lehetőségem van, hogy kimozduljak itthonról és ebből a szürke, unalmas mókuskerékből. Az orvosom is megerősített ebben: el kell menni, nagyokat beszélgetni, sétálni, kikapcsolódni.

Természetesen lett egy óriási veszekedés ebből, mert mondtam az embernek, hogy ha ő nem akar jönni, akkor maradjon itthon, de mi megyünk! Hát persze jól felkapta a vizet, hogy én jól érezném magam, akkor is, ha nem jönne... Igen, túlélném, ha itthon maradna. Mi öten menni akarunk, ő ne tegyen nekünk keresztbe. A végén megkaptam, hogy mindig én döntök mindenben, őt kihagyom. Nem ez a célom, csak átvállalom a felelősséget és a domináns szerepet a családban, mert neki ez így kényelmes. Ezt ő maga mondta eddig mindig, hogy nem szeret, sőt nem is tud jó döntéseket hozni. Most meg ez ellen tiltakozik? Úgy belelovalta magát a veszekedésbe, hogy mindent a fejemre borított: hideg vagyok, mint a jégcsap és kizárólag én tehetek arról, hogy a családom őt nem szereti, mert rossz színben tüntettem fel őt előttük. Hát, szerintem nem kellett rossz színben feltüntetnem, mert egyik családtagom sem vak, nem süketek és még némi empátiával is rendelkeznek. Szóval képesek az önálló vélemény kialakítására. De ő kitartott mellettem, szóval legyek végtelenül hálás neki. Ja, és menjek már végre dolgozni és ne sírjon a szám amiatt, hogy nekem otthon kell lennem már évek óta. Hát, eléggé lelombozott, hogy a férjem szerint egy ilyen elviselhetetlen nőszemély vagyok. Jól megkaptam... Tényleg így gondolja? Mert ha igen, akkor csak a gyerekek miatt maradt velem 4 éve, amikor nagyon megrendült a házasságunk és majdnem elváltunk. Ez a felismerés és a veszekedés nem tett jót az amúgy is nagyon hullámzó mentális állapotomnak.

Hurrá, nyaralunk!
2006. július 21. péntek

6.30: A veszekedésünk a férjemmel, az utazás okozta stressz, valamint a környezetváltozás megtette a hatását: Nem vagyok a legjobban. Totál hullámzó az állapotom, mint amikor megpróbáltam abbahagyni a délelőtti gyógyszert. A nap nagyobb részében egész jól vagyok, máskor elnyomhatóan jelen van a szorongás – de már ez is kellemetlen – időnként pedig teljes erejével rám tör.

Most sem tudtam aludni, felébredtem hatkor. Éjjel sem aludtam jól, bár akkor nem a szorongásaim miatt, hanem egyszerűen túl éberen aludtam: minden apró zaj felébresztett.

Tegnap az utazás előtt még otthon elfogott az aggódás, azután a vonaton beleolvastam egy cikkbe az ételallergiákról és rám is tört miatta a pánik. Lefekvés előtt is meg kellett birkóznom egy rohammal, de az aktuális Frontin szerencsére mindig rendbe tett. Kész röhej, hogy most lettem megint ennyire hullámzó, amikor lazulnom lehetne, hiszen nyaralunk. Nagyon vártam, készültem rá. Megint itt ordít a fejemben a kérdés: Miért? Lehet mégis igaza volt a férjemnek, ez nem is igazi kikapcsolódás, tele van stresszel. Alkalmazkodni kell a vendéglátóink életritmusához, az ismerős, de ugyanakkor mégis az otthoninál eltérő körülményekhez, az utazásról nem is beszélve. Rendesen kiléptem a komfortzónámból és nem biztos, hogy ezt még elbírom. Ha marad ez a hullámzó állapot, akkor kénytelen leszek emelni a Frontint és egyenletesen elosztva napi 2,5mg-ot szedni. Végül is felhatalmazást kaptam az orvosomtól, hogy napi 3mg-ig felmehetek. Tehát ha úgy vesszük, akkor annyira nagy vész nincs. Én pedig a hullámvölgyeket, rohamokat igyekszem magamban lerendezni, hogy más ne lássa. Igaz, ez rendkívüli energiák megmozgatását igényli majd tőlem.

2006. július 23. vasárnap

11.00: Kopp-kopp, lekopogom... Szerencsére pénteken már kevesebb szorongás volt bennem, gyakorlatilag elhanyagolható. Délután már élvezni is tudtam a siegendorfi strandon a kicsikkel a pancsolást. Az egyetlen gond az volt, hogy hideg volt a víz. Szombaton pedig már teljesen normális voltam egész nap. Ki tudtam kapcsolni, lazítottam. Délután a Fertő tónál voltunk, ment az iszapozás, lubickolás. Felnőttnek, gyereknek egyaránt remek program volt.

Ma ismét strandolunk, most Meggyesen és este pedig egy nyársalással zárjuk a napot.

Szerencsére továbbra sincs szorongás.
2006. július 26. szerda

Hurrá! Jól érzem magam!

Hétfőn túráztunk egy nagyot a Lővérekben, aminek hatására az ikrek ebéd után hatalmasat aludtak az apjukkal. Délután pancsolás a kerti medencében és grillezés volt a program. Kedden Hegykőn strandoltunk, itt tette meg az első önálló tempókat a medencében legkisebb gyermekem mindenki nagy örömére. Ma pedig a fertőrákosi kőfejtő megtekintése mellett általános semmittevés volt a program, mert ilyen is kell. Szomorú, hogy lassan vége ennek a nyaralásnak. Jó volt kicsit a tesómékkal lenni, kimozdulni az otthoni mókuskerékből és feltöltődni.

Nincs naplózás... nincs tünet!
2006. augusztus 20. vasárnap

Már majdnem egy hónapja nem írtam semmit, ami igazából jó jel, hiszen, ha rosszul vagyok, akkor azt általában leírom. Most pedig nem éreztem szükségét annak, hogy kiírjam magamból az érzéseket, amióta hazaérkeztünk a nyaralásból.

Közben a tesómék is jártak egy gyors látogatáson nálunk és amióta ők hazamentek, már nem szedem a délutáni Frontint. Sőt, egy hete már a délelőttit is elhagytam, mert egyszerűen nem volt rá szükségem. Sőt, kifejezetten terhes volt arra figyelni, hogy bevegyem, amikor eljön az ideje. Jól elvoltam tünetmentesen a 3 x 1 Frontinnal egészen a mai nap reggeléig. De elegendő volt néhány allergiás tünetet tapasztalni és máris ugrott a lelki békém. Mindig meglep, hogy mennyire illékony az, hogy jól vagyok, és milyen gyorsan szerte tud foszlani az egyensúly. Most sem történt gyakorlatilag semmi nagy dolog, csak pár napja allergiás jellegű tüneteket figyeltem meg magamon: kis taknyosság, torokfájás, szemviszketés, prüszkölés. Volt már ilyen, általában máskor is a nyár végén és az ősz kezdetén keseríti meg az életemet, nem is értem, hogy ettől most miért indultak be a halálfélelmes, pánikos reakcióim? Mindenesetre komoly és mindenféle súlyos lefolyású allergiás reakciókat sikerült vizionálnom magamnak ismét. Addig-addig járt az agyam, míg ismét be kellett vennem egy plusz adag Frontint – amiről már sikeresen leszoktam –, hogy kicsit lenyugodjak. Most megint azt érzem, hogy ennek soha nem lesz vége.

2006. augusztus 22. kedd

Elmentem allergia gondozóba, hiszen évek óta nem jártam ott. Úgy gondoltam, hogy ha már problémát okoznak a tünetek, akkor épp itt az ideje kivizsgálni. Ehhez képest orvos nem látott, egyszerűen megírták a javaslatot a háziorvosnak, hogy fel tudja írni kedvezményesen a gyógyszereket és annyi: szemcseppet, Claritine helyett Aeriust és orrsprayt. Ki is váltottam őket, de a fene egye meg azt a pánikos fajtámat, egyiket sem használtam. Itt szemezek velük, de nem merem bevenni a gyógyszert. Szánalmas vagyok. Hiába tudom, hogy a félelmek miatt rám törő képek irreálisak, egyszerűen nem vagyok képes ellenük tenni semmit. Elborít az aggodalom, ha akarom, ha nem. Tiszta idióta vagyok! Pont az allergia ellen felírt gyógyszerek nem fognak allergiás sokkot kiváltani, hiszen antihisztamin!!! Ez rettenetesen gáz, hogy ezt sem merem bevenni. Természetesen ismét addig pörgött az agyam, míg ismét be kellett vennem egy plusz adag Frontint. Csak most épp délután.

2006. szeptember 07.

Sikerült túllendülni az antihisztamin problémán, visszatértem a jól bevált Claritine-hoz, azt szedtem már korábban is, így azzal nincs gond. Mellette fújom az orrsprayt is, szóval most szépen karbantartom az allergiámat.

Viszont ma sikeresen összekevertem a szedett gyógyszereimet: este is bevettem két szem Zoloftot, ahogy reggel szoktam.

Vajon miért hittem, hogy reggel van és most kell bevenni? Szerintem a Claritine kavart be, mert hasonlít az alakja a Zoloftéra és természetesen az összes gyógyszert egy helyen tartom. Amióta szedem ezt is, azt is, már megfordult a fejemben, hogy vigyázni kell, mikor mennyit veszek be a gyógyszerekből és még véletlenül sem szabad összekavarni őket. Persze ma este sikerült öszszekutyulni őket, aminek a következménye természetesen egy jó nagy pánikroham lett. Gondolom a pszichiáterem nagyon örült nekem, amiért felhívtam, de teljesen kétségbe estem. Nyilván azt mondta, amit hallani akartam: nem lesz semmi bajom, legfeljebb majd reggel ne vegyek be kettőt, csak egyet. Mindennek ellenére nem vagyok 100 %-ig nyugodt, izgat a túladagolás problémája. Egyébként egy ideje már a déli Frontinra sincs szükség, csak reggel és este szedem. Úgy tűnik, beáll szépen végre az antidepresszáns. Épp itt az ideje!

Csökkenő gyógyszerek
2006. szeptember 24. vasárnap

Ismét konzultáltam az orvosommal, de szerencsére már nem kell túl sűrűn igénybe vennem az idejét. Azt mondta, hogy itt az ideje, hogy elkezdjük csökkenteni a Zoloftot: napi 2 tabletta helyett szedjek másfelet egy hónapig és ha nincs gond, akkor tovább lehet csökkenteni napi egy tablettára. Utána egész télen maradna terv szerint a napi egy Zoloft és majd csak tavasszal próbálkozhatunk leállni vele. Hamarabb semmiképp, mert elég komoly tüneteim voltak. És amíg a Zoloft csökkentése zajlik, addig a Frontin adagomhoz nem nyúlunk, szedni kell tovább a 2 x 1 tablettát. Ha valami visszaesés lenne, akkor tudjuk majd mi okozza. Mindig csak az egyik gyógyszert szabad csökkenteni egyszerre. Nem kapkodjuk el a gyógyszer elhagyást, semmi szükségem arra, hogy ismét elővegyen a szorongás. Ezzel a megállapítással csakis egyet tudok érteni.

Főleg, hogy a mindennapi stresszhelyzetekkel és problémákkal nap, mint nap meg kell küzdeni, ami – valljuk be –, nekem kicsit bonyolultabb az átlagnál, mert nem tudom lazán felfogni az életet. Sokszor azt is problémaként élem meg, ami nem az, képes vagyok bármit túlkombinálni. Itt van példának okáért az álláskeresés dilemmája. Hol és mikor találok végre magamnak megfelelő munkát, hogy végre megszűnjön ez a máról holnapra élés? Nem egyszerű manapság állást találni, főleg az én végzettségeimmel és négy gyerekkel. És ha találok, hogy lesz? Hogy fogok helyt állni a munkahelyen és itthon is? Újabb szerepkonfliktus, új megoldandó probléma lesz ez is. Közben persze mind a négy gyerkőc életét menedzselni kell, minden napra jut valami megoldandó feladat. Aztán itt a bátyám. Ő is maga alá került és ki mást keresne meg a problémáival, mint engem? De fogalmam sincs, hogyan tarthatnám benne a lelket, ha magamban sem tudom. Pedig az ő gondjai sem kicsik, hiszen elvesztette a munkáját, a felesége pedig elköltözött. A szüleink is betegek, fogalmam sincs, hogy velük is mi lesz... Csupa aggodalom és stressz az egész életem. Vajon másoké is? Vagy csak én nem tudom lazán kezelni a nehézségeket?

2006. november 06. hétfő

Több, mint egy hónapig szedtem az orvosi utasításnak megfelelően napi másfél Zoloftot, de mostanra eljutottunk oda, hogy már csak napi egy tabletta szükséges. Ez így fog maradni tavaszig, ezt beszéltem meg a pszichiáteremmel a legutóbbi találkozásunkkor. Utána majd meglátjuk mi lesz, csökkenthetünk-e tovább. A Frontinból is megy a napi kettő a megbeszélés szerint, ebből is ez a fenntartó adag marad tavaszig. Gyakorlatilag nincs most teendő a gyógyszerelésben, ezekkel az adagokkal kellene élnem a mindennapjaimat – tünetmentesen. Ez azért nem olyan egyszerű sajnos, mert azt gondolom, hogy ettől a halálfélelemtől én már soha nem szabadulhatok meg teljesen. Mert ez az egész belém van kódolva. Hibás a szoftver... Bármilyen normálistól eltérő érzésre, tünetre halálfélelemmel és pánikkal reagálok. Ezt lehetetlen belőlem kiirtani. Jön az érzés, megpróbálom túlélni, megvárni amíg elmúlik. Azután jobb is lesz, mert minden elmúlik egyszer, a rossz érzések sem maradnak velem állandóan. De amíg tart, az maga a pokol. Ma is elég volt annyi, hogy félreütött a szívem, 3-4 szapora szívműködés után egy ütem kimaradt. Minden egyes félreütésre vagy kihagyásra, felgyorsult tempóra elöntött a félelem, összerándult a gyomrom. Rettenetesen utálom ezt az érzést. És mit tudok tenni, ha eljött az időm? Ha meg kell halni, akkor nincs mit tenni... Félelemmel vagy anélkül, de akkor is végem lesz. Senki nem kerül ki innen élve. Miért keserítem meg az életemet ezzel a páni félelemmel??? Miért nem élhetem szorongások és pánik nélkül az életemet? Persze a gyógyszerek segítenek, velük élhetőbb az életem. De teljesen nem mulasztják el ezt az érzést, illetve ezt a rosszul rögzült reakciót. Kellene valami tuti módszer, amivel ki lehetne törölni a hibás programot a fejemből.

Az igazi nehézséget pedig ezzel kapcsolatban az okozza, hogy nem lehet eldönteni egy adott tünet megjelenésekor, hogy menjek orvoshoz vele, mert valós problémát jeleznek a tapasztalt tünetek vagy a stressz és pánikbetegség generálja a tünetet és igazából semmi bajom? De az biztos, hogy utána már a pánik és a szorongás generálja szépen a tüneteket és egy megszakíthatatlan ördögi körbe keveredek.

Elegem van!!!
2006. november 07. kedd

5.00: Éjfélkor riadót fújt a szervezetem és olyan mérhetetlen feszültség és pánik volt bennem, hogy esélytelen volt visszaaludni. Muszáj volt bevenni egy Frontint, annyira nem akart múlni a szorongás. Sokat így sem voltam képes aludni, mert hajnali négykor ismét győzött a pánik; extrázott sokat a szívem, nyugtalan voltam, feszült és ez nem hagyott pihenni. Csak el-elbóbiskoltam kicsit ülve az ágyamban, de folyton felriadtam. Ennyire sűrűn nem szokott félreverni a motor, teljesen kétségbe estem miatta.

19.35: És megint itt van a félelem a félelemtől, pedig már mertem azt hinni, hogy jól vagyok a csökkenő gyógyszerek mellett is. Hát ennek már soha nem lesz vége??? Visszaálltam a 3 x 1 Frontinra, mert megbízhatatlanul újra hullámzó lettem. Már megint nehezen tudom magam elviselni. Ami szerintem nem csoda, hiszen ilyen aritmiákat megélni nem egyszerű egy ilyen pánikos elmének. Talán egy mentálisan erős és egészséges embert is elgondolkodtatna, vagy félelemmel töltene el ilyen tapasztalás. Nagyon nehéz szavakba foglalni is, hogy mit érzek. Félelmetes azt érezni, hogy nem működik rendesen a szívem; elkezd erőteljesen és gyorsabb ütemben verni, hogy majd kiugrik a helyéről. Ugyanakkor pedig úgy érzem, hogy nem is működik elég erővel, csak erőlködik és nem is pumpál. A pulzus is alig tapintható, gyenge. Kizárt, hogy ezt beképzeljem, vagy hogy az elmém játszana velem. Nem bírom. Most már ismét állandóan bennem van ezt a mocsok szorongás.

Rémes ez a gyomor magasságában jelenlévő
állandó feszültség.
2006. november 08. szerda

10.00: Be kellett vennem egy plusz adag Frontint is, hogy valamelyest helyre rázzam magam. Még a végén vissza kell állnom a fél évvel ezelőtti max. adag gyógyszerre... Pedig már azt gondoltam, hogy szépen beállt a fenntartó adaggal az állapotom és jól elleszek.

Ehhez képest, már a kanapéra le sem merek ülni, mert mindig ott kezdődtek az aritmiás történéseim. Vagy ha nem ott kezdődött, akkor ott folytatódott... Vége lesz valaha ennek a rémálomnak? Vagy törődjek bele, hogy ez már így marad amíg élek?

20.00: Elmentem a háziorvosomhoz, akinek elmondtam a szívpanaszaimat. Nem nagyon tudott nekem semmi okosat mondani. Tekintettel arra, hogy semmilyen fájdalommal nem társult, nem volt gyorsabb szívverés, ezért véleménye szerint ez belefér a normális keretek közé, nem gondolja, hogy bármi kóros lenne. Ráhallgatott, természetesen nem tapaszt semmi normálistól eltérő dolgot. Azt gondolja, hogy mivel én extrém érzékenyen reagálok a normálistól kicsit is eltérő érzetekre, ezért inkább csak megélni volt nehéz számomra és nincs itt semmilyen genetikai vagy szervi probléma. Ez csak alkalmazkodásbéli nehézség. Nem is tudom, hogy valójában mit vártam tőle? Hogy majd varázsütésre megnyugtat? Vagy elmulasztja a problémáimat? Valószínűleg ő is teljesen tehetetlen velem, nem tud rajtam segíteni. Mindenesetre kértem tőle egy kardiológiai beutalót, mert egy szakorvos nagyobb eséllyel meg tudja mondani, hogy kell-e ezzel a problémával foglalkoznom.

Ami frusztrál a jelenlegi helyzetben leginkább, az, hogy megint 2 mg Frontin ment be a mai nap; a 3 x 0,5 mg mellé be kellett vennem délelőtt és délután is egy-egy fél adagot, hogy valamelyest megnyugodjak. Estére ki is ütött ez a hirtelen megemelt mennyiségű Frontin rendesen.

2006. november 10. péntek

Éjjel megint felébredtem, azt éreztem „mintha félre ütne a szívem", de biztos nem voltam benne, hiszen nem voltam ébren. Ennyi viszont bőven elegendő volt ahhoz, hogy nyugtalanná váljak. Sajnos elég régen tart már ez az újabb időszak, amikor folyamatosan feszült, szorongós vagyok és pánikrohamokkal vannak tarkítva a mindennapjaim. Szóval itt az ideje ráállni az 5 x 0.5 mg Frontinra, amit az orvosom tavasszal maximum napi adagként jelölt meg számomra. Lenyom rendesen ez a mennyiség, de legalább nem pánikolok. Rezignáltan tudomásul veszem, hogy rakoncátlankodik a szívem, tárgyilagosan megfigyelem mi történik vele. A sok Frontinnak köszönhetően most egész jól viselem ezeket az epizódokat, pedig naponta többször is félreüt. Mostanában leginkább akkor, ha előrehajolok. Mintha kevés lenne neki a hely a mellkasomban a normális működéshez. Nyilván nincs ilyen, de nekem ezt súgja most a buksi. De azt is súgja, hogy majd elmúlik ez is, hiszen semmi nem tart örökké. Sem a rossz, sem a jó...

2006. november 11. szombat

10.20: Lenn vagyok rendesen a béka hátsója alatt mentálisan. Tele vagyok halálfélelemmel, nagyon aggaszt ez a szívritmuszavar, mert félek, hogy ez valami komoly problémát jelez. Már 5 napja tart és ez így már biztosan jelent valamit. De még van 10 nap, amíg egyáltalán szakrendelőbe kerülök – hála az előjegyzési rendszernek. Addig akár fel is dobhatom a talpam, vagy épp teljesen be is kattanhatok. Amitől már nem is állok annyira messze, hiszen teljesen letargikus állapotba kerültem, nem érdekel semmi. Kötelességtudatból elvégzem a teendőim közül a nagyon fontosokat, de folyamatosan csak szívritmusom körül forognak a gondolataim és rendkívül fásultnak, kiábrándultnak érzem magam. A szorongás is itt van bennem folyamatosan alaphangon. Ez így nem élet...

13.30: A bevett Frontin mindenesetre megtette jótékony hatását: jól lenyomott, kába vagyok tőle rendesen. De a félelem attól, hogy ez az aritmia milyen alapbetegséget jelezhet, az folyamatosan itt van bennem. Talán az segítene, ha nem lenne ma már hosszabb epizód, ha végre kicsit normálisan dolgozna a motor. Ezen más nem segít, mert az alap aggodalmat nem fogja elnyomni a szorongáscsökkentő gyógyszer sem bennem, maximum nem pánikolok be és kicsit tárgyilagosabban tudom megfigyelni a tünetet. De ettől még nem érzem jól magamat a bőrömben, mert ugyan a Frontin valamelyest megnyugtat, de a félelmeimet nem képes elmulasztani teljesen. És ami félelmetes ebben az egészben, hogy a napi 2,5 mg rendszeresen bevitt Frontin sem elég teljesen, ezzel sem vagyok tünetmentes. Hullámzó a hangulatom és a mentális állapotom, épphogy el tudom viselni magam.

Eltelt két hónap, de sok pozitív változás nincs...
2007. január 25. csütörtök

Igazából már nem is számítok arra, hogy rendben leszek teljesen valaha is. Ez a pánikra való hajlam itt van bennem és minden normálistól eltérő, ismeretlen vagy furcsa dologra ezzel reagálok.

A gyógyszerek élhetővé teszik a mindennapjaimat, megy a mókuskerék, teszem a dolgom, amit elvárnak tőlem anyaként, háziasszonyként. Enyhén depressziósan, néha kilátástalanul, de működök. Ha valami kizökkent ebből a megszokott mókuskerékből, akkor jön egy kicsit mélyebb depressziós jellegű hullámvölgy, egy tartós rosszkedv és utána megy minden tovább a megszokott mederben.

1-2 furcsa tünetre elborít időnként a félelem, a szorongás, néha pánikolok is, de ezek később elmúlnak szerencsére és nem állandósulnak. Egyszer fent, egyszer lent. De őszinte leszek: már rettenetesen unom ezt az érzelmi hullámvasutat.

2007. január 29. hétfő

A legújabb dilim, amitől félek, szorongok, pánikolok az, hogy sokszor zsibbad a bal lábam, illetve a többi végtagom is időnként. Úgy tűnik, hogy ez is az egyik gyógyszernek a mellékhatása – amit a kardiológián felírtak. Legalábbis a leírásában szerepel a zsibbadás, mint lehetséges mellékhatás a használat során. Ilyen hülye mellékhatást! Bosszantó. Viszont jótékony hatást meg nem érzek, mert az extráim ugyanúgy megvannak. Ha naponta többször is jelentkezik, akkor törvényszerűen elborít a szorongás, jönnek a negatív gondolatok, hogy biztosan valami komoly szervi ok van a háttérben, mert csak úgy ilyeneket nem csinál az ember szíve ok nélkül. Bár a Holter monitorozás nem mutatott ki semmi rendelleneset, semmi komoly eltérést. Amiket én panaszként élek meg, azok a lehető leggyengébb extrák. De megyek tovább a kivizsgálásban, nem állok meg; szívultrahang is készülni fog. Ha van valami, akkor ott úgyis kiderül. Megfigyeltem magamon, hogy amikor extrázik, akkor olyan, mintha ki akarna ugrani a mellkasomból a szívem, de közben a nyaki verőérnél viszont alig érezni a pulzust. Fura, mert számomra ez arra utal – bár anatómiai tudásom csak kicsivel több, mint egy átlagembernek –, hogy ilyenkor biztosan nem présel vért a szív a megfelelő irányba, vagyis a régen diagnosztizált billentyű probléma lehet a dolog hátterében. Ilyenkor valószínűleg egy-egy dobbanás elejéig visszafelé áramlik a kamrába a vér a nem megfelelően záródó billentyű miatt. Csak épp arra nem találtam magyarázatot, hogy ez miért ilyen rapszodikusan jelentkezik? De az, hogy itt leírom a gondolataimat, nagyon jó ötlet volt, rengeteget segít. Élő emberrel nem tudom ezeket megbeszélni, nincs senki, akinek elmondhatom őszintén a kétségeimet és félelmeimet, mert az, aki hasonlót nem élt át, vagy nem elég empatikus, nem érti miről beszélek. Itt a férjem, ő pl. nem vevő a „nyavalygásaimra", van neki saját gondja is elég... Emiatt persze úgy érzem, hogy nem is a társam, csak egy gazdasági közösségben élünk és egyre távolabb kerülünk egymástól ismét.

3 x 1 Frontinnál tartok megint, sikerült a napi öt szemet háromra leredukálni. Ezt viszont tovább biztos nem tudom csökkenteni, mert amint eljutok a 2 x 1 tablettáig, tuti jön valami, ami visszanyom a szorongásba.

2007. február 05. hétfő

Az elmúlt hét meglepően csendesen telt, nem volt semmi említésre méltó esemény és ennek bizony örülni kell! A bedobbanások elmaradtak, ennek megfelelően a szorongásaim sem jöttek elő. Megy a 3 x 1 Frontin és visszaálltam a hétköznapi mókuskerékbe is. Ovi, gyerek betegségek, középiskolai jelentkezési lap, sítábor. Sok gyerek, sok program és sok teendő, még több aggodalom...

2007. február 10. szombat

Ide most panaszáradat jönne, de már nincs erőm leírni sem, mert csak ismételni tudnám magam.

Maximálisan elegem van magamból,
a pánikos reakcióimból és a félelmekből!
2007. február 14. szerda

Miért kell nekem minden normálistól eltérő dologra így reagálni? Sok mindenre rájöttem már az évek alatt, ahogy saját magam figyelem. Az is egy lehetséges magyarázat, hogy a harmónia és kiegyensúlyozottság utáni vágyam áll a dolog hátterében. Az, hogy gyűlölöm a konfliktust. Olyan nem létezik, hogy minden rendben legyen, ne legyen valamivel gond, ne aggódjak, vagy idegeskedjek valamin. És ha valami/bármi nem kerek, akkor gyakorlatilag besokallok és az agyam így védekezik: jön a jól ismert szorongás és pánik. Mert ugyan rossz, de ismerős és „biztonságos". Ez az én jelenlegi verzióm, persze lehet semmi köze a valósághoz és az igazi magyarázathoz.

2007. március 23. péntek

Szomorúvá tesz az a felismerés, hogy mindig lesz valami, ami miatt rám törhet a pánik vagy a félelem. Ahogy öregszem, úgy egyre többször, hiszen minél idősebb vagyok, annál inkább elhasználódnak a szerveim és annál több egészségügyi probléma jelentkezhet újabb és újabb ismeretlen és számomra félelmetes tünetekkel, ami miatt szoronghatok.

És még új tünet sem kell, bőven jó egy kis szorongás kialakulásához a jól bevált régi tünet is. Képes vagyok olyan dolgok miatt pánikolni, amik miatt már egy éve sem voltak indokoltak a félelmeim. Ilyen pl. a rekedtség, a torokszorító érzés... Teljesen ártalmatlan, de az én agyam gyártja a hülyeséget, pl. hogy ez már biztos anafilaxiás sokk lesz. Ha szépen átgondolom logikusan, akkor rájövök, hogy nem vagyok normális: bolhából elefántot csinálok. Nagyon gáz! Szerencsére ezek a fajta pánikhullámok rövid idei tartanak, de jól elrontják a napomat, mert marad utána egy alap szorongás, ami miatt rendkívül rosszul tudom magam érezni a bőrömben.

Be kell jelentkeznem az orvosomhoz egy beszélgetésre. Már rég voltam nála és kíváncsi vagyok, hogy elmúlhat-e ez valaha, vagy kénytelen vagyok megtanulni, hogyan éljek vele együtt. Gyógyszert és szakorvosi javaslatot is kell íratnom, úgyhogy mindenképpen aktuális egy újabb találkozó. A Frontin adagolásról is tárgyalnunk kell, mert nem tudom lejjebb vinni a napi 3 x 1-es adagolást. Szerintem ez már valamiféle függőség, mert simán hozzászokhattam már egy év alatt, amióta szedem.

2007. április 05. csütörtök

Legutóbb azt írtam, hogy nem tudom lecsökkenteni a Frontin adagomat, de mégis sikerült tudtomon kívül. Már nem 3 x 1-et szedek, hanem csak 3 x felet. Az történt ugyanis, hogy a háziorvos írja a gyógyszert a szakorvosi javaslatra és legutóbb a 0,25 mg-osat írta föl, a 0,5 mg-os helyett és ez már egy hónapja így van, hogy fele annyit szedek, mint korábban. Nem tudatosan ugyan, de mégis felére csökkent a napi bevitt adag és ennek így nagyon örülök, mert nincsenek elvonási tünetek, nem lettem rosszabbul sem. A placebo hatás remekül működött: azt hittem 0,5 mg megy be minden alkalommal, közben pedig valójában csak fele annyit szedtem. Amikor most erre rájöttem, végtelen nyugalom áradt szét bennem. Öröm, hogy nem lettem teljesen gyógyszerfüggő, remény, hogy eljön az az idő is, amikor élhetek majd gyógyszerek nélkül is. Sokkal jobb a közérzetem azóta, mióta erre rájöttem.

Amúgy meg lehangol, hogy nem találok állást, sorra utasítják el az álláspályázataimat. Kezdem elveszíteni a reményt, hogy újra dolgozhatok. Ez eléggé frusztráló érzés. Pedig sokat segítene rajtam, ha ismét munkába állhatnék. Egyrészt nagyon jól jönne, ha én is fizetést kapnék, hiszen az rengeteget lendítene az amúgy silány anyagi helyzetünkön. Másrészt kiszakadhatnék végre ebből a mókuskerékből, ahol csak háziasszonyként és anyaként funkcionálok. Lehet, hogy önzőség, de 7 éve ki van nyalva a hátsójuk, megcsinálok mindent itthon. Szóval ideje lenne, hogy ne legyek mindig itthon és a család többi tagjának is legyenek feladataik: kénytelenek lennének jobban odafigyelni a rendre, takarításra. Beállhatnának néha mosogatni, vagy akár vacsorát is készíteni. Ha nem várná őket itthon egy cseléd, aki mindent megcsinál, akkor talán belátnák, hogy eddig milyen jó dolguk volt. Enne mindenki menzán hétközben, én pedig kitörhetnék ebből az önként vállalt kiszolgáló szerepből. Talán ki is virulhatnék kicsit, ha elindulok az önmegvalósítás útján...

Jöhet az önmegalósítás!
2007. április 08. vasárnap

Tegnap ugyanis telefonáltak, hogy kiválasztottak a legutóbbi állásinterjún. Érdekes dolog ez; eddig akárhányszor jártam meghallgatáson munka ügyben, mindig csak a remény volt bennem, hogy talán most sikerülhet. De ott a helyszínen azt éreztem, hogy biztos nem én leszek a nyerő: így volt az Egererdőnél is, a Bevándorlási Hivatalnál is. Most viszont már a kézfogásnál, gyakorlatilag a bemutatkozásnál „tudtam", hogy a végén befutó lehetek. És így is lett, fantáziát látnak bennem, kiválasztottak. Nagyon nagy az öröm, mert végre esélyt kapok arra, hogy más legyen az életem. Ahogy viszont a férjem fogadta a hírt, az lelombozott. Nagyon finoman fogalmazva is kijelenthetem, hogy nem lelkesedik az ötlettől, hogy újra dolgozni fogok. Nem értem! Miért nem tud örülni velem? Őszintén szólva már abban is bizonytalan vagyok, hogy tud egyáltalán bárminek is örülni ez az ember. Hogy maga a munka, amit csinálnom kell, az nem tetszik-e neki, vagy az a tény, hogy elmegyek dolgozni, az is kérdéses számomra. de ha tippelnem kellene, akkor neki teljesen mindegy, hogy milyen munkát végzek, azért hőzöng, mert hét éve nagyon kényelmes neki az élet, hiszen mindent megcsináltam itthon. Neki nem kellett házimunkát végezni, gyereket nevelni, csak a munkahelyen kellett teljesítenie, hogy legyen miből megélnie a családjának és ennyi. Ez a szépen kialakult élet egy csapásra szerte foszlik, alaposan megváltoznak a viszonyok azzal, hogy én is munkába állok. Rá is több teher hárul értelemszerűen azzal, ha nem vagyok itthon 0-24-ben, mert időnként be kell szállnia a gyerekekkel kapcsolatos teendőkbe is és némi házimunkát is át kell vállalnia majd. Illetve kellene, de már hallom előre, hogy a 3 műszakos munkarend mellett ez neki nem fog beleférni. De mivel az őszinte kommunikáció és az érzések, gondolatok közvetítése soha nem volt erőssége, ez mind csak spekuláció, mert nem mondta meg nyíltan, mi a baja.

Én viszont már a gondolattól sokkal jobban érzem magam a bőrömben, mert ha dolgozom én is joggal várhatok segítséget az összes családtagomtól. Egy percig nem állítom, hogy egyszerű lesz újra szervezni az életünket, mert az új munkamegosztást nem lesz könnyű kialakítani és nem is fog egyik napról a másikra menni. Biztos, hogy nem lesz zökkenőmentes az átállás, de miért nem lehet pozitív várakozással elébe menni. A gyerekekkel könnyebb dolgom lesz, de a férjem az már más tészta; látom, hogy nem igazán fűlik hozzá a foga, hogy otthon is be kell vonódnia majd a feladatokba. De úgy gondolom el kell fogadnia, hogy ott, ahol mindkét fél dolgozik, nem várható el, hogy csak egy ember végezze az összes házimunkát. Nekem tetszik, hogy végre kiszabadulhatok itthonról. Van bennem sok kérdőjel természetesen ezzel kapcsolatban, de várom már.

2007. május 03. kedd

Megvolt az első munkanap, mindjárt elsőre egy 10 órás műszakkal csaptam bele a lecsóba. Kemény volt bevallom, de leginkább hosszú, hiszen 7 éve nem kellett semmilyen munkaidőhöz alkalmazkodni, a házimunkát úgy osztottam be, ahogy az energiám diktálta. Egyenes következménye a 10 órás munkanapnak, hogy itthon meg nem haladt semmi. De összességében pozitív változásként élem meg, hiszen kirángatott az álmos GYES-es posványból, amit már annyira utáltam. Teljesen felpörgetett ez a nap, estére sem éreztem úgy, hogy be kell punnyadni az ágyba már korán.

Másfél hete dolgozok...
2007. május 12. szombat

Szerencsére jól érzem magam a bőrömben: jó a meló, tetszik. A főnök szuper, a kollégák is rendesek. Az itthoni meló is elkészül előbb-utóbb, ha máskor nem, akkor hétvégén behozom a hét közbeni lemaradást. A hétköznapi főzést kellene leredukálni, mert az kifejezetten fárasztó, hogy este munka után neki kell állnom másnapra ebédet gyártani. De ez csak ősztől opció, amikor a gyerekeknek elő tudok fizetni a suliban ebédre.

Szalad az idő!
2007. augusztus 20. hétfő

Teljesen beálltam én is és a családom is arra, hogy minden nap dolgozni járok. Én örömmel teszem, jó kollektíva jött össze, szeretünk együtt dolgozni. A meló mellett persze az itthoni teendőkre kevesebb idő jut, de nem zavar. Magam is meg vagyok lepődve miatta, de tényleg nem frusztrál egy kicsit sem, hogy nem vagyok mindig naprakész a házimunkával. Elfogadtam, hogy ekkora lakást képtelenség folyamatosan rendben tartani, hiszen a napjaim nagyobb részét a munkahelyemen töltöm. Persze szuper lenne, ha naprakész lehetnék a házimunkával, de ahhoz klónoztatni kellene magam.

A lényeg, hogy bejött ez a meló, megváltozott az életem és ennek a pánikbetegségem kapcsán is érzem a jótékony hatásait. Az külön jó érzés, hogy elégedett a főnököm azzal, amit csinálok, nekem is tetszik a feladat és hasznosnak érzem magam. A fizetésemből pedig tudunk mindig csinosítgatni valamit a lakáson, amíg kapom az iker GYES-t is. Ez is rendkívül jó érzés, hogy végre tudunk egy kicsit félretenni felújítási munkákra, nem pedig csak fizetéstől fizetésig tengődünk.

Jó ideje nem éreztem szükségét annak, hogy írjak...
2007. október 31. szerda

Most viszont rengeteg a feszültség bennem és ismét muszáj írnom, hátha segít kicsit kifújni magamból ezt a sok-sok negatív érzést. Egyébként rendkívül jó a kapcsolat a kollégákkal, szinte családias és nagyon sok mindent meg tudunk beszélni egymással. Talán ezért is alakult úgy, hogy az elmúlt hetekben nem feltétlenül kellett elővennem a naplót, hogy rögzítsem bele a gondolataimat. Holnap viszont munkaszüneti nap lesz, szóval nem lesz kivel beszélgetni. De ha bennem maradnak ezek az érzések, akkor úgy érzem, hogy szétfeszítenek, tehát marad a megszokott, rég bevált módszer: kiírom magamból.

Bár a bennem lévő gondolatok és érzések megfogalmazása sem egyszerű... A gond nem új keletű; ismét volt egy konfliktus a férjem és elsőszülött gyermekem – aki 15 éves kamasz – között. A vége az lett a vitának, hogy a férjemnél elszakadt a cérna. Nem volt időm latolgatni, hogy mi lenne a helyes, egyszerűen azonnal és ösztönből cselekedtem anyatigris módjára. Meg kellett védenem a gyerekemet még akkor is az apja haragjától, ha jogosan kalapálta volna el. Akkora az erőfölénye és olyan indulatok munkálkodtak benne, hogy nem engedhettem. Egyébként is óriási közöttük az ellentét, nehezen jönnek ki alapvetően is egymással és nem tudok rájönni, mi a baj. Rivalizálás? Vagy a gyerek nem olyan lett, mint elképzelte és ezért nem tudja elfogadni? Örök rejtély marad számomra.

A vége természetesen ismét egy jó kis veszekedés lett, mert szerinte megint megtorpedóztam a nevelési szándékait és romboltam az apai tekintélyét azzal, hogy közbeléptem. De nem hagyom, hogy bárki bántsa a gyerekeimet! Még neki sem! És ha választás elé állít, akkor egyértelműen a gyerekeimet választom, nem pedig őt! Nem esett neki jól, de ez most jelen pillanatban nem érdekel. Ők belőlem lettek, számomra ők az elsők. És ez nekem természetes. Nagyon nem értek egyet a férjem nevelési elveivel. Főleg, hogy azt tapasztalom, hogy az elsőszülöttel szemben magasabbak az elvárásai és nem tolerálja annyira a hülyeségeit, mint a másik háromnak. És szerintem ezt a gyerek is érzi, nem hülye, rendkívül jó vevőkészülékei vannak. A gyerekeinket feltétel nélkül kellene szeretni és nem azért, mert épp megfelelnek az elképzeléseinknek, vagy nem. El kell őket fogadni, amilyenek. Szeretve nyesegetni őket, alakítgatni kicsit, de a személyiségüket nem tudjuk megváltoztatni. A férjem viszont pont az ellenkezőjét teszi: tekintélyelveken alapulva próbálja olyanná formálni, amilyennek szerinte lennie kellene. No ez nem fog menni, a gyerek maximálisan ellenáll. És most bennem is elpattant valami, mert úgy érzem, hogy nem tudok a férjem mellé állni, nem tudom elfogadni, ahogy viszonyul a legnagyobb gyerekünkhöz. A fenyegetődzése sem hat meg, hogy elmegy. Menjen. Nem fogom visszatartani, bár kétségkívül anyagilag elég nehéz helyzetbe kerülnénk. De az én feladatom az, hogy biztonságos körülményeket biztosítsak a gyerekeknek ahhoz, hogy felnőjenek. Ennek csak egy része az anyagi biztonság, viszont fontosabb a béke és a nyugalom, a kiegyensúlyozott családi háttér. Ha ezt apa nélkül tudom biztosítani inkább, akkor azt választom!

Elmúlt ez a karácsony is...
2007. december 26. szerda

Tulajdonképpen még azt is mondhatnám, hogy jól teltek az ünnepek. Csakhogy az egészet beárnyékolta egy olyan pánikroham, amit eddig szerencsére csak ritkán kellett megtapasztalnom. Ennyire erősen már régen tört rám, nem is tudtam vele megbirkózni egyedül, be kellett vennem egy Frontint. Igaz, csak 0,25 mg ment be, de most már tudok egyhelyben ülni és gondolkodni. Gondolom azért hatott a kis adag is, mert már nem szedem rendszeresen. Múlt héten is kiütött, amikor egyszer bevettem, hogy tudjak aludni.

De ezek a gyakorlatilag semmiből érkező pánikrohamok teljesen kikészítenek. Hát már soha nem szabadulok meg tőlük? Ezek a 20-30 percig tartó rohamok leszívják az energiáimat teljesen:

először fölhúznak, kiélesítik minden érzékelésemet, majd teljes kétségbeesésbe taszítva tart lenn az őrjítő spirál a mélyben cikázó gondolatokkal és halálfélelmekkel. Utána pedig nem marad más, csak üresség, feszültség és szorongás. És amikor már tudok racionálisan gondolkodni, rájövök, hogy egész alaptalan volt, úgy ahogy van. De ezt egy roham közepén hiába is mondogatom magamnak, nem győzhetnek az ész érvek, amikor épp tehetetlenül vergődök a pánik szorongató hálójában. Időnként halálfélelemnek is nevezem, de nem is a haláltól magától félek, hanem inkább a szenvedéstől, a rögös úttól, a haldokolástól, ami végül a halálig elvezet. És most megint egy végzetes anafilaxiás sokktól való félelem volt az alapja a rohamnak – sajnos nem először. És megint itt zakatol a fejemben a kérdés: Miért vagyok én ilyen agyament?

2007. december 27. csütörtök

A tegnapi csúnya pánikrohamot követően a mai napom nem volt felhőtlen, voltak szorongásaim. Apró, pici hullámokban jöttek és nem is tartottak sokáig, de jöttek. Ahogy számítani lehetett rá: a szokásos félelem a félelemtől, vagyis a szorongás amiatt, hogy ismét bármikor rám törhet a pánik. Próbáltam tudatosan figyelni rá, nem engedni, hogy felerősödjön. Át is vészeltem a napot, de a szokásos szívritmus problémáimra is sokkal érzékenyebben reagáltam, mint kellett volna.

2007. december 28. péntek

Ma az egész napom ügyintézéssel, szaladgálással telt. Beszereztem az orvosomtól a szakorvosi javaslatot is és felírattam a háziorvossal a gyógyszereket. Pörögtem egész nap, szorongásnak nyoma sem volt, csak este egy kicsi, hogy vajon tudok-e majd aludni, vagy megint meg kell szenvednem az elalvással, mint mostanában olyan sokszor. Az elalvás környéki riadtság az elmúlt héten többször is megkeserítette az estéimet. Amikor már végre álomba zuhannék, valami nem enged elaludni. Ahelyett, hogy elnyomna végre az álom, pont az ellenkezője történik; felriadok és azt érzem, hogy meg vagyok rémülve. Mintha gúnyt űzne velem az agyam...

2007. december 29. szombat

Szerencsére jól aludtam, de napközben már nem voltam olyan jól, mint tegnap. Délután jöttek a szorongások forgatókönyv-szerűen, mint tavaly márciusban. Ugyanazokkal az okokkal. Onnan tudom, hogy visszaolvastam az akkori eseményeket és most is ugyanaz kerget az őrületbe, mint akkor. De hát akkor sem lett semmi bajom!!! Nyilván most sem valósak a félelmek, de erről képtelen vagyok meggyőzni magam, hiába az észérvek. Jönnek a szorongások és a feszültség hullámokban, és nincs hová menekülni előle, mert bárhová is megyek, bármit is csinálok, ezek itt maradnak velem. Mert belőlem fakadnak és nem lehet elfutni előlük, bár nagyon erős késztetést érzek a menekülésre.

Kezdhetem elölről a Frontinnal való szórakozást, hogy beállítsam azt a napi adagot, ami mellett jobban érzem magam. De a remény itt van bennem, hiszen legutóbb is is én győztem.

Másfél éve is felülkerekedtem, legyőztem ezt a problémát.
2007. december 30. vasárnap

Ez erőt ad: most is sikerülni fog! Igaz, amikor elolvastam a hullámvölgyek alatt írt elkeseredett soraimat, akkor ráébredek, hogy nem lesz sétagalopp. Próbálok kisebb adag gyógyszerekkel ellenni, de még nem tudom, mi lesz az a napi adag, ami elég lesz, ami mellett tünetmentes lehetek. Mert a hangulatom és az állapotom teljesen hullámzó, és nem látok a bevett gyógyszerekkel semmilyen összefüggést. Pl. tegnap egész délelőtt jól voltam, nem éreztem semmi nyomasztót, semmi feszültség, vagy szorongás nem volt bennem. A mai délelőttről ez viszont már nem mondható el, pedig gyógyszert ugyanannyit vettem be tegnap is, ma is. A nyugtalanság és belső feszültség a bevett Frontin ellenére is megmarad. Ennek ellenére a dolgom el tudom végezni. Nem vagyok mentálisan jól, de kibírható szinten marad, ha rám telepszik a szorongás. És az alvással sincs baj szerencsére. Annak kell örülni, ami jó!

B.U.É.K!
2008. január 01. kedd

Túl vagyunk az általam olyan nagyon gyűlölt szilveszteren, ráadásul úgy, hogy egész jól voltam – legalábbis szorongásilag. Nem tökéletes, de nem volt nagy pánikroham. Így el tudom viselni magam.

2008. február 23. péntek

5.00: Gondolhattam volna, hogy ennek a nagy családi viszálykodásnak ez lesz a vége! Sikerült megint megborulnom rendesen. Pedig mire januárban sikerült beszélnem az orvosommal, egész jól helyrepakoltam magam a 3 x 0,25 mg Frontin szedésével és nem is kellett elkezdeni újra a Zoloftot sem.

De közben értek a negatív hatások szép sorban. Először anyukám döntése, hogy az apu mégsem megy speciális otthonba. Ez nagyon lehangolt, mert egy demens férfi napi ellátása és ápolása embert próbáló feladat, szerintem nem az anyunak való. Egyrészt nem ért hozzá, másrészt ő maga is beteg. De nem lehet meggyőzni semmivel. Sem azzal, hogy jobb helye lenne apunak egy szakápolókkal ellátott speciális intézetben, hiszen úgysem ismer már meg szinte senkit, sem azzal, hogy magának csinál rosszat ezzel. Sokkal fontosabb a számára, hogy mit szólnának a rokonok és ismerősök, ha ő nem teljesítené a „jóban-rosszban" fogadalmát. Erre már nem lehet ész érvekkel reagálni, mert már megint csak mártírkodik. Nem az a fontos, hogy mi a helyes, mivel segítene önmagán és az apun is, hanem hogy mit gondolnak mások. Ez számomra kezelhetetlen szituáció, menekülök is belőle. A férjemtől való eltávolodásom sem pozitív irányba terelt. Az a baj, hogy nem tesz semmit a házasságunk megmentéséért. Belesüppedt ebbe a megszokásba és megbeszélni sem tudom vele, hogy ez így nem jó, mert szerinte a beszélgetések nem oldják meg a gondokat és egyébként se játszam neki a pszichológust. Bizonytalanság jellemez emiatt, mert ha jól belegondolok, magam sem tudom, hogy mit szeretnék. Ha azt sem tudom, hogy mit kellene tennem, vagy neki mit kellene tenni, hogy azt érezzem valami elindult pozitív irányba, akkor esély sincs elindulni semerre sem.

Mindent összevetve ismét azt érzem, hogy nem én irányítok, hogy kicsúszik a lábam alól a talaj. Ezt megerősítendő jött is a menetrendszerű pánik... Este lefeküdtem Frontin nélkül, mert álmos voltam. Lusta voltam kimenni a konyhába a gyógyszerért. De 11 órakor már arra ébredtem, hogy kb. 200 a pulzusom és pánikolok. Kimentem pisilni, bevenni a Frontint, de mire ezekkel végeztem, addigra már szinte az önkívületig fokozódott a pánik. A tachycardia miatt elgyengültem, jött az ájuláshozközeli állapot, folyt rólam a víz. Visszavánszorogtam az ágyba, lefeküdtem, nem akartam elájulni. Igen ám, de ilyen mértékű pániknál nem lehet nyugodtan feküdni, ezért a tehetetlenség érzése is az elviselhetetlenségig fokozódott. Közben arra gondoltam, hogy telefonálni kellene az ügyeletre... a mentőknek... a barátnőmnek... a férjemnek... Bárkinek, csak egyedül ne maradjak a halálfélelmemmel. Mi lesz, ha tényleg meghalok? Itt maradnak egyedül a gyerekek... Sőt! Majd ők találnak rám???
Ezt nem tehetem meg velük. Éjfélre csillapodott a roham, teljesen kimerített, így el tudtam aludni. De csak hajnali háromig, amikor jöhetett egy újabb adag Frontin. Annak pedig hajnali ötig tartott a hatása, ezért írok most, hogy kicsit levezessem a bennem tomboló feszültséget és teljen az idő. Teljesen tanácstalan vagyok, fogalmam sincs, hogy mit kellene tennem. A testem

mindig előjön valamivel: karácsonykor az anafilaxiás sokktól való félelem, most a tachycardia. Ez most ezerszer rosszabb volt. És most úgy érzem, hogy ez olyan mélyen belém van kódolva, hogy soha nem szabadulok meg tőle. Gyűlölöm!

Az életem nem is szól másról, mint erről a nyomorult szorongásról.
2008. május 04. vasárnap

14.30: Az utóbbi két napban megint kezd rémálommá válni az életem. Pánikroham és szorongás váltják egymást. És piszok rosszul érzem magam emiatt. Ma kora délutánra benn van az eddig szedett napi adag, tehát a 3 x 0,25 mg Frontin: reggel, délelőtt és délben is. A legnagobb gyermekem hozott anyák napjára egy gyönyörű liliomot, de az én nagyon beteg tudatom – vagy tudatalattim? – besokallt tőle: mi lesz, ha az erős illata kivált egy allergiás reakciót? Logikusan végig gondolva ez teljesen lehetetlen, bennem mégis beindultak ezek az irreális reakciók és félelmek. De miért? Ezzel persze csak ismétlem magam... Ott tartok, ahol két éve: jönnek a megmagyarázhatatlan félelmek, szorongások és az elviselhetetlenségig fokozódó pánik. Állapotom ez utóbbitól egészen a teljes tünetmentességig hullámzik. Hol az egyik végpont, hol a másik. Gondolom a bevett gyógyszer hamar kiürül, két éve is ötször kellett szedni, nem volt elég napi háromszorra elosztani. El vagyok keseredve, kezdhetek elölről mindent: maximális adag Frontin + Zoloft. És megint itt a bizonytalanság. Gyűlölöm ezt az egészet! Megint beállítani a gyógyszereket nem kis feladat, de addig, hogy bírom ki? Lehet ki kellene próbálni a kineziológiát is. Vagy a hipnózist. Mert nem kétévenként tüneti kezelést akarok gyógyszerekkel, hanem GYÓGYULÁST. Okfeltáró és igazi gyógyulást, hogy végre magam mögött tudjam ezt az egész rémálmot.

18.30: A délelőtti pánikroham alatt kitört belőlem tehetetlenségemen a zokogás. Két éve nem sírtam ennyit és lehet, hogy ez is segített lecsillapítani háborgó lelkemet.

Hol is tartok?
2008. június 04. szerda

Beszéltem az orvosommal, tudott fogadni, így személyesen találkoztunk. Szerinte nem szükséges elkezdeni a Zoloftot, elegendő lesz a Frontint beállítani. Korábban az 1-fél-1-fél-1 adagolás bevált, ennyi kellett ahhoz, hogy élhessem közel normálisan az életemet. Az utóbbi napokban hol a délelőtti adagot, hol a délutánit nem vettem be, de szerinte ez nem gond. Ha egy-egy adag kimarad, mert nem jut eszembe, az nem fog problémát okozni. Kicsit zavar, hogy megint a Frontint nyomjuk, aminél ott a hozzászokás veszélye, míg egy antidepresszánsnál ez nincs meg. De ő a szakember, bízom benne.

Kineziológusnál is jártam – már két alkalommal is –, érdekes tapasztalás volt és kicsit vegyesek az érzelmeim is. Az első alkalom teljesen pozitív volt, tudtam hinni benne. De a második alkalommal szkeptikussá váltam, nem tudtam átadni magam a folyamatnak. Nem is tudom, hogy mit oldott tulajdonképpen, nem érzem a változást. Emiatt hitetlen lettem. Nem adom fel, megyek tovább.

2008. június 15. vasárnap

Egy ideje megint vacakol többet a szívem: jönnek az extra dobbanások, a kihagyások. Most kicsit higgadtabban élem meg, mint másfél éve: kicsit szorongósabb leszek miatta, de nem pánikolok. Minden esetre egy kardiológiai kontroll időszerű lesz.

2008. június 18. szerda

A frászt hozza rám a szívem, kezd belőle elegem lenni. Alapjáraton mindenkiben ott van az aggodalom, vagy a szorongás, ha valami a normálistól eltérően működik a szervezetében. Gondolom. Vajon nálam ez mennyire klinikai eset? Mennyire térek el az átlagos emberektől? Persze a kérdés költői, nincs, aki ezt meg tudja válaszolni.

Minden változatlan...
2008. augusztus 19. kedd

Ezért is nem igyekeztem jelentkezni újabb irománnyal, hiszen csak ismételni tudtam volna az eddig leírtakat. Megmaradt a 3 x 1 Frontin, időnként belepótolva délelőtt, vagy délután egy fél. Úgy érzem, hogy most elég jól kordában tudom tartani a szorongásaimat. Tudatosan, ésszel: próbálom mondogatni, hogy semmi értelme pánikolni. Elhitetni magammal, hogy ettől nem lesz jobb nekem és elfoglalom magam. Főleg olyan dolgokkal, ami az agyamat foglalja le.

A barátnőm elment a kollektívából, ez nem esik most jól a lelkemnek, mert így nincs senki, akivel meg tudnám osztani a gondolataimat nap mint nap.

A nyári szünet is leszívta az energiáimat, de szerencsére már a végét járja.

Szereztem végre időpontot kardiológiára kontrollvizsgálatra és előjegyeztek egy artroszkópos térdműtétre is. Ezek sem dobnak föl.

Hiába határoztam el, hogy legyőzöm ezt a betegséget végre, de a kivitelezés nehezebb, mint gondoltam. Sokan mondják, hogy a megoldás bennünk van, csak mi tudunk változtatni. Azt hiszem én még nem találtam meg a kiutat, hiába az elhatározás.

2008. augusztus 24. vasárnap

Szedem a Frontint rendszeresen a szokásos adagolással, de emellett is elővesz időnként a pánik és a szorongás. Igyekszem legyőzni, de néha nagyon nehezen megy. Ha elborít a pánik, mint régen, akkor igyekszem nem belesüppedni, hanem tevékeny maradok és kivárom mi lesz. Azon az elven, hogy egyszer el kell múlnia. Vagy meghalok és akkor örökre vége, vagy elmúlik – előbb, vagy utóbb – a pánik és fellélegezhetek, hogy lám ezt is túléltem. Ha egy téves riasztásra vagy eszement logikátlan gondolatra beindul a folyamat, akkor ezt „ésszel" nagyon nehéz leállítani és meggyőzni magam.

Felmerült bennem a kérdés, hogy vajon honnan tudhatnám, hogy valódi veszélyhelyzet van és orvoshoz kell fordulni egy adott tünettel, vagy csak téves riasztást kreált ismét az agyam? Szerintem erre sem tud nekem senki válaszolni.

2008. augusztus 27. szerda

Próbálom magam racionálisan meggyőzni, hogy nem fogok meghalni – legalábbis nem az adott pánikos pillanatban. De az a tény, hogy minden évben jön az allergia szezon és tudva azt is, hogy változhat az évek során, hogy mire vagyunk allergiások, nem igazán vagyok nyugodt. Mert bármikor kialakulhat egy újabb dologra allergia. Vagyis az én kis agyam ezt úgy definiálja, hogy bármikor kialakulhat egy anafilaxiás sokk, főleg, ha ismeretlen dolgot eszek. Gyógyszert pl. már régen nem veszek be olyat, amit korábban nem szedtem, de arra figyelni, hogy semmilyen összetevőt ne vigyek be kajával, amivel eddig nem találkoztam elég képtelen ötlet. Ráadásul, ha bármire lehetek allergiás, akkor olyannal szemben is kialakulhat, amit eddig vidáman megettem. Ó, jaj, egyre súlyosabb a baj a toronyban úgy érzem.

Meghalt az apu két nappal ezelőtt.
2008. 09. 10. szerda

Ezt a tényt elég tárgyilagosan tudtam kezelni. Intézkedtünk, kísértem az anyut mindenhová, csináltuk az ilyenkor szokásos feladatainkat. Tegnap délutánra viszont kikészültem, mert a szívem megint elkezdett vacakolni. Nem csak egy-egy félreütés volt, hanem sokáig, sokat vert összevissza: időnként gyorsan, máskor meg kihagyásokkal, extrákkal tarkítva. Természetesen jött a rémület, a pánik. Igyekeztem elhessegetni, kevés sikerrel. Hívtam az orvosomat, azt mondta nem kell emelni a Frontint, elég ez a megszokott adag (1-½-1-½-1). Lesz most pár nehezebb napom, ami egy ilyen trauma után természetes, de át fogom vészelni. Átmenetileg meg is nyugodtam ettől, hiszen egy ilyen haláleset azokat is megviseli, akik nem betegek mentálisan vagy pszichésen. Én próbáltam felkészülni rá, hiszen tudtuk, hogy a leépülése már annyira előrehaladott, hogy egyenes következménye lesz a halál. Treníroztam magam, hogy erős vagyok, ki fogom bírni. De rá kellett jönnöm, hogy erre nem lehet felkészülni. Kézzel, lábbal menekülnék ebből a helyzetből, nem akarom végig csinálni! Pedig ez elől nincs menekvés; a gyász lépcsőfokain és fázisain végig kell menni.

Közben a kardiológussal is beszéltem, aki hétfőn a szív ultrahangot csinálta. Itt lakik a szomszéd lépcsőházban és összetalálkoztam vele a ház előtt. Egy hirtelen ötlettől vezérelve „letámadtam" a problémámmal. Azt mondta, hogy nem lesz semmi gond, ezeket az extrákat a stressz okozza. Az ultrahangon nem látott semmilyen szervi elváltozást, szóval nagy baj nem lehet. Fölösleges aggódni, ez most egy olyan élethelyzet, ami miatt többet idegeskedek, szorongok, de ez csak időleges. Viszont, ha nagyon aggódok és nem tudok megnyugodni, akkor a szakrendelőben ír nekem béta blokkolót, amit átmenetileg szedhetek, amíg ki nem lábalok ebből a jelenlegi stresszesebb élethelyzetből. Vagyis akár szaporábban ver, akár extrázik, azt a stressz okozta elektromos ingerület kelti és csak átmeneti. Elfogadtam a magyarázatát, meg is nyugodtam tőle. Egész este jól voltam, minden nyavalyám el is múlt.

Azonban reggelre megint teljesen kész lettem: 5 órakor ismét az oly' régen ismerős belső nyugtalanság, szorongás ébresztett. A félelem a félelemtől... Hogy mi lesz, ha újra rosszul leszek? Pánikig nem fokozódott, de a belső feszültség itt tombol. Igaza volt az egyik fórumon a pánikos társnak, amikor azt írta, hogy a legfőbb ellenségünk a félelem. Ha megértjük, hogy nincs mitől félnünk, akkor legyőzhetjük. De most meginogtam. Mi az, hogy nincs mitől félni??? Hogyne lenne! Rengeteg olyan dolog van, amitől félni lehet és félünk is. A pánikos kicsit jobban. És leginkább attól, hogy újra át kell élni a már ismert és nagyon utált negatív érzéseket. Félünk saját magunktól, az agyunk által generált testi tünetektől. Mi ez tulajdonképpen? Valami menekülés? A tudatalatti előhívja ezeket az ismerős félelmeket? De miért? Hogy velem foglalkozzon a környezetem? Hogy ezáltal én legyek a központ? De nem akarom ezt, hiszen tudom, hogy nem leszek ettől szerethetőbb... Lehet, hogy foglalkoznak velem, de nem önszántukból. Vagy épp ez lett az „énidőm"? Vagy így tart a buksi egy nagyon szűk komfortzónában? Megannyi kérdés, de nem találom a válaszokat.

Mostanában nem írtam...
2008. november 09. vasárnap

Nem azért, mert minden rendben, hanem mert csak ismételni tudnám magam és az unalmas. Még nekem is... Szedem a 3 x 1 Frontint és megvagyok. Időnként jön egy kis ijedelem, de már nem pánikolok. Az ijedtség után marad bennem némi szorongás, jönnek borús gondolatok, amik szerencsére nem tartanak nagyon sokáig.

És van egy másik dolog is, ami miatt ritkábban írok: Már nem nyugtat meg. Régebben gyakorlatilag kiírtam magamból a feszültséget azzal, hogy leírtam az érzéseimet. Mostanában viszont nem esik jól, hogy látom papírra vetve azt, hogy mit érzek, mit gondolok. Szinte újra átélem őket, amikor írok róla és kifejezetten kellemetlen érzésekkel tölt el. Nem értem, hogy miért történt ez a pálfordulás.

Végképp elborított ez a dög
2008. november 15. szombat

Tulajdonképpen eddig sem voltam tünetmentes, de most megint itt a gödör. Napok óta éreztem az előjeleit, hiszen gyakran elborított a szorongás, sőt időnként pánik közeli állapotba is kerültem. Külső szemlélő számára ez soha nem tűnt fel, mert kifejlesztettem az évek alatt a technikákat arra, hogyan tudom elejét venni, vagy épp elfojtani a kitörni készülő pánikot; tudatosan másra figyelni, komoly koncentrációt igénylő agytevékenységgel lefoglalni magam, tevékenynek maradni és emberek között lenni. Eddig mindig én győztem, de most erősen remeg a léc... Egész délelőtt meglehetősen rosszul éreztem magam annak ellenére, hogy visszaálltam a jól bevált 1 – ½ – 1 – ½ – 1 tabletta szedésére a Frontinból. Ennyi kell, hogy ne szorongjak folyamatosan. S hogy mi történt? Semmi, ha jól belegondolok. Ezért még elkeserítőbb a helyzet, hogy nem is tudom mi váltotta ki a viszszaesést. Mostanában megint többet vacakol a szívem. Amint félreüt, vagy bedobban – naponta többször is –, abban a pillanatban már árad is szét az egész testemben a rémület. És ez ellen tehetetlen vagyok: automatikusan, reflexszerűen működik. A pánikot ugyan nem hagyom eluralkodni, de a rossz érzések itt maradnak: a félelem, az aggodalom, a szorongás mind társamul szegődnek és nem hagynak nekem nyugtot. Ezeket csak bonyolítja, hogy mostanában elkezdtem figyelni az egyébként automatikus légzésemet és olyan, mintha ott sem stimmelne valami. Olyan érzés, mintha nem érkezne elég levegő a tüdőbe belégzéskor, illetve több maradvány levegő maradna benn kilégzéskor. Ez így leírva elég ostobán hangzik, ráadásul nem is igazán tudományos, de nem tudom másképp megfogalmazni. Az önmegfigyelés alatt persze olyan is előfordult, hogy elkezdtem hiperventillálni. Ez megint adott egy plusz okot az ijedelemre. Mi az, ami most erre irányítja a figyelmemet? Miért kell nekem egy olyan vegetatív funkciót elemezgetni, ami automatikusan működik? Mert az apunak is leállt a leépülése miatt a légzése? Vagy mert kislány koromban majdnem belefulladtam a strandon a medencébe? Tele van hibás programmal az agyam és valami folyton bekapcsolja valamelyiket. Ez felettébb bosszantó! A kineziológus sok mindenre rávilágított, én is számtalan okot fel tudtam tárni önanalízissel, de úgy érzem, hogy még mindig keresem a válaszokat. Talán egy pszichológus segíthetne tovább lépni. Keresnem kell valakit, aki vállal.

Szorongásos állapotomban ma átköltöttem egy Petőfi verset. Fogalmam sincs honnan jött az ötlet, hiszen soha nem szerettem a verseket...

Itt van a dög, itt van újra
S gyűlölt, mint mindig énnekem
Azt is tudom, hogy mi okból
vetem meg. Nem szeretem.

Leülök a fotelembe
Innen nézek befelé
S figyelem az érzéseim
marcangoló, rút jelét.

Morcosan néz a földre
az undok telihold sugara,
Mint haldokló optimizmusra
az élni akaró vigyora

És valóban! Ilyenkor az ember
csak szenved, nem hal meg
Szeméből is látszik, hogy csak
szorong ő, s közben nagyon beteg.

Hát, nem egy mestermű! De az enyém. Nekem átjön a hangulata.

2008. november 20. csütörtök

Nem lehet nem megijedni, amikor az ember szíve nem úgy ver, mint ahogy kellene! Derült égből villámcsapásként jön az extra, a félreütés, vagy a kihagyás. Szerintem az lenne az abnormális, ha totális lelki nyugalommal venném tudomásul, hogy valami nem jól működik. Szóval nem tudok nem megrémülni. Viszont pánikba már nem esek, mert legyőzöm magam. De nem tudom, hogy jól teszem-e? Legyek magamra büszke, mert legyűröm a feltörekvő pánikot? Vagy ez is elfojtás csak és mint olyan, az káros? Olyan jól esne összeomlani, sajnálni magam és látványosan szenvedni! De nem akarok. Nem adhatom fel, erősnek kell maradni. Frontin be és az élet megy tovább. Legalábbis egyelőre...

Ami még újdonság: találtam egy szimpatikus pszichológus szakembert, akivel élvezet együtt dolgozni. Legutóbb is jót beszélgettünk, megnyugtatott, hogy jó úton járok. Az önelemzéseim többnyire jók, hiszen valóban a gyerekkori sérelmek, a nem kívánt gyermek szindróma állhatnak a háttérben. Minden mentális baj okozója az, hogy cipelem a gyerekkori puttonyt. Amit kiteszünk az ajtón, visszajön az ablakon.

2008. november 27. csütörtök

Azt mondta tegnap a barátnőm, hogy szeressem magam... Hogy ha sikereket érek el (mondjuk legyűröm sajátosan, egyénileg kifejlesztett technikával a pánikrohamot), akkor jutalmazzam meg magam. Csináljak olyat, ami nekem jó. Jól hangzik ez a tanács, de! Két gondom is van:
1. Magam sem hiszem, hogy szerethető vagyok... Főleg ezzel a nyomorult betegséggel. Hogy szeressem magam??? Azt mondta, álljak a tükör elé és mondjam a tükörképemnek, hogy szeretlek. Ez baromság, ez nekem nem megy. Beszélgetni a saját tükörképemmel? Ennyire még nem mentek el itthonról.
2. Azt mondta, legyen öt dolog, amivel jutalmazhatom magam. Olyan dolgok, amiket szeretek, amik pihentetnek, lazulhatok.

Nem, hogy ötöt, de egyet sem tudok... Nincs is olyan dolog az életben, aminek örülni tudnék, ami csak én vagyok és nem a családomért teszem, vagy nem a munkám. Örülni tudok én egyáltalán valaminek? Tudok olyat csinálni, ami csak az enyém és utána nincs lelkiismeret furdalásom, hogy azt az adott időt a családommal, házimunkával kellett volna töltenem? Ez biztosan gyerekkoromban ívódott belém, anyám mártír hozzáállásával... Én, mint egyén már nem is létezem.

Ez már nem csak szorongás időnként pánikkal tarkítva, hanem depresszió is. Szerintem. Most gyengének, megtörtnek és kiégettnek érzem magam. Nincs erőm küzdeni a betegség ellen. Pedig már kifelé indultam a gödörből, de most úgy érzem nem megy, mert nagyon mély a gödör.

Olyan ez, mintha a tudatalattimba beégett dolgok büntetnének engem a pánikkal, szorongással: ha kicsit jobban megy a szekér, ha jól érzem magam, akkor lecsap, mert nem érdemlem meg, hogy jól érezzem magam a bőrömben. A tudatom küzd, de a gyerekkori sérelmek erősebbek a tudatalattimban és megint kezdik átvenni a nehezen megszerzett irányítást. Hülye tudatalatti! Ha jól vagyok, jönnek a szorongások, szívpanaszok, pánikok, mert nem tehetem meg, hogy jól legyek. Önértékelési gond? Vagy azért nem tudom magam elfogadni, mert anyám sem tudott tiszta szívéből elfogadni? Bár ma beszélgettem vele erről. Mármint az anyuval. Ő szerinte a „kaparék" elnevezés is inkább kedveskedő volt... Tényleg? Engem mélyen megbántott, hogy ilyen jelzővel illettek, csak azért, mert nem tervezett terhességből születtem a család harmadik gyermekeként.

Lehet, hogy mégsem ez a valódi ok?

Hú de kusza! Mármint amit írtam. Nem is biztos, hogy ki tudja bárki is ezt hámozni.

Beveszem az esti adag Frontint (már késő du. is bevettem egy plusz adagot), tehát jól leszedálom magam és elmenekülök az alvásba a gondok elől.

A helyzet változatlan.
2008. november 28. péntek

Istenem, de sokat leírtam sajnos már ezt! Vannak napok, amikor egy nap csak egyszer, kétszer, négyszer üt félre a szívem, vagy hagy ki egy ütemet, esetleg extrázik, de sajnos vannak olyan napok is, amikor húsz percenként jelentkezik valamilyen probléma. Ez a mai nap is ilyen volt. Emiatt visszapakoltam délelőttre is és délutánra is a plusz adag Frontint és hősiesen viselem a félreütéseit a szívemnek. Egy extra, egy rémület és kész, megyek tovább. Megyek tovább töretlenül, nem omlok össze, hiszen máskor is volt már ilyen és még mindig élek. Időnként jó lenne pedig sajnálni magam ezerrel, de semmi értelme, mert azzal csak mélyebbre süllyeszteném magam a félelemspirálba és én ki akarok onnan keveredni. Járok a pszichológushoz, kérek időpontot ismét a pszichiáterhez is kontrollra, valamint keresek egy normális kardiológust, aki rendesen kivizsgál.

2008. december 03. szerda

Őszinte leszek: tele van a hócipőm magammal! Illetve leginkább a szívemmel, hiszen nincs olyan nap, hogy ne extrázna. Amíg csak ritkán teszi, alkalomszerűen, addig meg is békélek vele, mert úgy érzem az belefér. Hiszen mindenkinek félreüt vagy kihagy néha, az természetes. Csak én a szorongásaim miatt túlreagálom, sokkal érzékenyebben válaszol a testem ezekre, mert nehezen élem meg annak ellenére, hogy az ijedtséget már nem követi pánik.

Ma viszont újdonságot produkált: dolgozik rendesen – szünet – dobban tízet – szünet, és így tovább perceken keresztül. Mindezt a carotison kitapintva is éreztem. Félelmetes élmény. Jó, hogy kerestem maszek kardiológust és kivizsgáltatom, mert ha ez sokáig menne tovább ilyen bizonytalanságban, biztosan belezakkannék. Tizenegyedikére kaptam is időpontot már tőle szerencsére, így remélhetőleg hamar fény derülhet arra, hogy

mi okozza ezeket a problémákat. Mert hiába az anatómiai elő-
tanulmányok, azok csak arra elegek, hogy nagyjából sejtsem
a dolgokat.

Az tudom, hogy ez valamiféle aritmia és időnként
mindenki megfigyelhet magán szabálytalan szívműködést eny-
he szívdobogás vagy szívdobbanások formájában, amikor is úgy
érzi a paciens, hogy kimarad egy szívütés. Valójában ilyenkor
egy korai ütés keletkezik először, ami olyan gyenge, hogy nem
is érezzük meg. Utána viszont ezt egy szokatlanul erős ütés
követi, amit viszont extra, erős dobbanásként érzékelünk. Ez
nyilván ártalmatlan jelenség, de mivel nekem már egy ideje
fennáll és rettentően zavar is, ideje kivizsgálni. Szerintem.
Remélem nem néznek majd hipochondernek, mert fogalmam
sincs, hogy milyen gyakoriság az, ami már nem fér bele a nor-
mál szívműködés kereteibe. Ráadásul, ha orvosnál vagyok és
épp vizsgál, vajmi kevés az esélye, hogy ezeket a tüneteket pro-
dukáljam. Volt már rajtam Holter monitor kétszer is, de akkor
természetesen mindvégig normálisan dolgozott a vizsgálat 24
órája alatt. Szóval amit rögzít a gép, nem biztos, hogy a valós
állapotot tükrözi, ha épp aznap úgy dönt a motor, hogy nem
extrázik. Erre meg nyilván azt fogja mondania az orvos, hogy
belefér... Kész téboly. Minden esetre elkezdek aritmia naplót
írni, hogy tudjam pontosan, számszerűen mondani, hogy mi-
kor, merre, hány méter.

Közben járok pszichológushoz is. Nem tudom, hogy meny-
nyire tudjuk feltárni és megoldani a problémát. Igyekszem, de
ehhez nagyon át kell állítani a jelenlegi gondolkodásmódomat,
meg kell tanulnom ellazulni, relaxálni. Nem vagyok biztos ben-
ne, hogy ehhez a hosszú folyamathoz lesz elég időm, lelki erőm
és kitartásom. Félek...

2008. december 08. hétfő

A kardiológiai eseményeket szorgalmasan jegyzetelem ahogy
elhatároztam, viszont a rendelésre csütörtökön nem fogok el-
menni, lemondom, mert délutános leszek aznap és nincs képem

egyik kollégámtól sem azt kérni, hogy cseréljen velem, mert a héten már egyébként is megkavartam a beosztást egyszer. Másrészt a pénzt is sajnálom a maszek rendelésre, mert így is elég cash-t elvisz a pszichológus a családi költségvetésből. Felhívom a szakrendelőt és inkább TB-re csináltatom meg ugyanazokat a vizsgálatokat.

Holnap pszichológushoz is megyek és nincs készen egyik „házi feladatom" sem. Az egyik az volt, hogy relaxáljak naponta kétszer. Jó vicc! Olyan feszült vagyok, hogy ez lehetetlen. Soha nem ment az ilyesmi, hiába is próbálkoztam vele korábban is. Ez annyira megfoghatatlan számomra, olyan földtől elrugaszkodott, annyira más világ; úgy érzem ez teljesen kívül esik az én valóságomon. Este az ágyban, ha csinálom, akkor elalszom közben rendszeresen, így semmi haszna. Napközben pedig nehezen találok rá alkalmas időpontot, mert soha nem vagyok úgy egyedül, hogy nyugodtan leüljek és csináljam. Ha pedig mégis leülök és elkezdem, akkor pont az ellenkező hatást váltja ki belőlem, mint kellene: feszült leszek, nyugtalan és menekülök a helyzetből. Érdekes, hogy a vezetett relaxáció a pszichológusnál működik. Az jóleső érzés, biztonságos. Félek, hogy képtelen leszek megtanulni egyedül relaxálni.

A másik feladat az lett volna, hogy írjam össze, mit szeretek magamban, magamon. Egy hete ülök az üres papír fölött és semmi az égvilágon nem jut eszembe, amit leírhatnék. Ugyanez a jutalmazás is, ott is teljesen tanácstalan vagyok, hogy mi lenne az, amivel bűntudat nélkül ajándékozhatnám meg magam, ha elérek valamit, amit elterveztem. Szerintem ki fogok kapni holnap a pszichológustól.

2008. december 13. szombat

Nem szidott meg a pszichológus, adott időt még a lista elkészítésére, valamint némi iránymutatást, hogy mire gondoljak. Így végre sikerült összehoznom egy lista félét. Nem igazából a „szeretem magam" kategória, inkább az „elfogadom magam", vagy a „büszkeséggel tölt el" címet kaphatná és elég rövid:

✓ Büszke vagyok magamra, hogy bevállaltam 4 gyereket és a korlátaimon belül nem vagyok rossz anyjuk.

✓ Szeretem a testem. 41 évesen, négy gyerek után szerintem jól nézek ki. (Ha edzenék és kidolgoznám az izmaimat, ezt lehetne még fokozni... Álmodik a nyomor... Mégis mikor lenne nekem erre időm?)

A relaxációra is tanultunk egy másik technikát, ami nekem sokkal jobban tetszik, mint amit először próbáltunk. Persze itthon ezt sem gyakorlom, mert nincs rá időm. Így viszont eléggé nehéz lesz elsajátítani...

Szeretek pszichológushoz járni:
olyan, mint egy önismereti tréning.
2008. december 17. szerda

A vezetett relaxban meg tudom nagyjából csinálni, amit mond, mert ott a hangja és az instrukciói végig vezetnek azon az úton, amin ilyenkor haladni kell. Bár semmi különbséget nem érzek az éber és a relaxálós állapot között, bizonyára az agyhullámaim sem változnak meg. Lazák az izmaim, megengedem magamnak, hogy lazítsak, de teljesen magamnál vagyok. Semmi extra: csukott szemmel követem a pszichológus hangját, kényelmes fotelben, ellazulva. De, amikor ugyanott csak simán beszélek magamról, az is nagyon kellemes és felszabadító érzés. A relaxációt sem érzem ennél többnek.

Ha magamtól próbálom csinálni a relaxációt és nincs ott a hangja mankónak, akkor teljesen éber maradok és nem tudok egy helyre fókuszálni, mert csaponganak a gondolataim. Képtelen vagyok kiüríteni a buksit. Kitartó gyakorlással, ha egyszer végre ráveszem magam, talán érhetek el sikereket. De nincs meg hozzá egyelőre a kellő motiváció és így nehéz a gyakorlás, hiszen soha nem tapasztalok sikerélményt, ha próbálkozok.

Viszont a történeteimből, álmaimból, baleseteimből kezd összeállni a kép. Nem kívánt terhességből megszületni (= világra

furakodni), sok életveszélyes helyzetet meg- illetve túlélni (=
igenis erre a világra való vagyok) mind olyan trauma, ami okoz-
hatja ezeket a szorongásokat és a pánikrohamokat. De lehet,
hogy a magzati korban átélt trauma miatt (hogy anyám nem
várt erre a világra) túl görcsös bennem az élni akarás? Ez most
jutott eszembe, mintegy önanalízis eredményeképpen. Majd
megkérdezem, hogy ez lehet-e releváns következtetés, vagy
nagyon belemagyarázom?

A gyerekkori irracionális félelmeim, rémálmaim, visszatérő
álmom is tipikusan szorongósak (fejetlen csirkék, élő csontvá-
zak...) és már akkor is túl sok kapcsolatom volt a halállal. A re-
lax végén, amikor el kellett képzelnem egy virágot, nekem egy
szál száraz rózsa ugrott be. Pfff! Egy halott virág, ami élni akar,
mert nem kókadt le a feje, hanem egyenesen tartja továbbra is.
Hihetetlen szimbólum rendszer. Vajon megéri megfejteni? A ha-
lál és az elmúlás körül forog minden, ugyanakkor folyamatosan
megjelenik az élni akarás. Nagyon bizarr! És hol van még az út
vége? Mik derülnek még ki?

AZ ÉN SZÁRAZ
RÓZSÁM

2008. december 26. péntek

Ott kezdem, hogy voltam ismét a pszichológusnál és vittem a legutóbb elképzelt rózsa rajzolt változatát. Rácsodálkozott, mert szerinte a rajzon abszolút nem tűnt a rózsa sem száraznak, sem pedig halottnak. Sőt, nagyon is élőnek látta. A másik szembeötlő dolog, hogy a rajznak nincs vége, illetve a váza, amiben a rózsa van beleveszik a semmibe. Nincs alapja az egésznek. Nos, egy rajz rengeteg mindent elárul a készítőjéről, a hozzáértő személy nézi. A másik, amin nagyon meglepődtem, hogy a pánik és a halálfélelem tulajdonképpen a halálvágy megjelenése. Ezen padlót fogtam. Ezt nem akarom elhinni. De a pszichológus szerint a tudatban, de akár a tudatalattiban is megjelenhet a halálvágy valamilyen oknál fogva, de mivel ez abnormális dolog (mármint halni akarni), ezért ez halálfélelemben, hipochondriában, pánikrohamokban manifesztálódik. Riasztó.

2008. december 12–30.

Szóval minden azért van, mert én olyan szülőket választottam magamnak, akik nem is akartak erre a világra... Miért akart az én lelkem olyan helyre leszületni, ahol nem vártak? De ha így is van és ez a valódi ok, akkor ez még mindig nem jelent megoldást. Mert hiába tudom az okot, attól még a pánikrohamok és a szorongások nem tűnnek el. Azok sajnos továbbra is itt vannak velem. El tudom fogadni, meg tudok tanulni együtt élni vele, de nem ez lenne a cél. Szóval hiába derült ki az ok, az egy régmúlt esemény, amit nem lehet kitörölni, tehát az okozat is itt fog maradni velem. Ugyanúgy megkeseríti ezután is az életemet, hiszen bármilyen abnormális tünetre továbbra is pánikkal fogok reagálni, mert ha nem megszokott dolog zajlik a testemben, testemmel, akkor beindul a vészreakció. Ha furán fáj a fejem, zsibbad a lábam, vagy épp félreüt a szívem, abban a pillanatban megállíthatatlanul elborít a szorongás és a halálfélelem, mert így vagyok programozva. Ilyenkor szépen átlélegzem a rohamot, várom, hogy elmúljon. Mint a szülési fájdalmat. Túlélésre törekszem, mert tudom, hogy nem tart örökké. A Frontint is hiába szedem rendszeresen (most épp 3 x 1 adagolásban) olyan, mintha nem is szedném, mert szerintem már annyira hozzászoktam, hogy nem is hat.

Emellett mostanában állandóan lehangoltnak érzem magam. Ha épp nem rémüldözök mindenféle halálos kórt képzelve magamnak, vagy épp nem szorongok, akkor semmihez nincs kedvem. Tiszta depressziós lettem, nem lelem örömöm gyakorlatilag semmiben, sem a családomban, sem a munkában. Nem szeretem magam és haragszom a világra. Nincs ez így jól. Nagyon nincs.

2009. január 31. szombat

Jártam a pszichiáteremnél és elpanaszoltam, hogy nem tudok lejönni a Frontinról, pedig szeretnék, mert a hatását nem érzem, tehát teljesen fölöslegesen szedem szerintem. A doktornő szerint viszont teljesen rendben van minden, szedjem a gyógyszert tovább, ahogy szükségét érzem; ha reggel eszembe sem jut bevenni, nem baj. Majd beveszem délben. Ha kimarad a déli, vagy bármelyik más adag, az sem gond. Előbb vagy utóbb el fog jönni az a pillanat, amikor nem lesz rá szükségem, mert a magamnak kidolgozott technikákkal is biztonságban érzem majd magam és nem lesz szükségem a Frontin nyújtotta megnyugvásra. Mostanában leginkább ezek a saját módszerek, az ún. „terelő technikák" váltak be. Ilyenkor szándékosan másra koncentrálok, másik helységbe megyek, más tevékenységet kezdek csinálni, mint amikor rám tört a szorongás. Azt mondta, hogy nagyon jó irányba haladok, már ez szép eredmény, hiszen sok pánikos el sem jut idáig.

Ez nagyon jól hangzott ott, még büszke is voltam magamra, hogy ahhoz képest, ahonnan indultunk, valóban nagy utat jártam be és úgy éreztem, hogy elindultam kifelé végre a gödörből. Bár a szorongós, pánikos hajlamot magamból kiirtani soha nem tudom majd teljesen, de valóban nagyot léptem előre.

Elfogadtam magam ilyennek. Kénytelen vagyok belátni, hogy én így működök és amíg élek nehezen fogom feldolgozni a rosszat, a traumákat, a kudarcokat és a sérelmeket. Pedig ezek hozzátartoznak az életünkhöz, hiszen nem lehetünk folyamatosan boldogok, nem működik mindig minden jól, nem tudunk mindent átfogó harmóniában élni. Az élet nem ilyen. Az én testem és a lelkem szorongással, félelmekkel válaszol arra, ha valami nem stimmel. És ahogy haladok előre az életkorban, egyre több minden lehet, ami majd nem jól működik, egyre több betegség megtalálhat, egyre több ismeretlen tünet jelentkezhet, ami majd mindig megrémít. De egyébként van ennek az egésznek valami értelme egyáltalán? Mármint arra gondolok, hogy halálra rémülni, halálfélelmet érezni. Logikátlan baromság az egész. Úgyis meghalunk egyszer mind, ez elkerülhetetlen. De engem miért büntet ezzel a tudatalattim? Miért kell nekem minden nap kicsit meghalni, ha valami nem tűpontosan működik a szervezetemben?

Biztosan valami halállal kapcsolatos bűnt követtem el előző életemben, amire mostani testemben nem emlékszem és a lelkem most ekként bűnhődik. Ez a karmám. Jaj, ez már nagyon ezoterikus megközelítés... Ébresztő!

Mostanában egyre feszültebb vagyok.
2009. február 05. csütörtök

Sok a stressz és ezt érzem azon is, hogy erőteljesen hullámzik a mentális állapotom. Nehezen tolerálom a szívem félreütéseit (szó szerint halálra rémülök tőlük minden alkalommal naponta többször is) és többször van tachycardiám is, ami szintén nem tölt el nagy boldogsággal. S ha épp nem halálfélelem vagy szorongás tölt el, akkor csak simán feszült vagyok, zaklatott, vagy épp türelmetlen. Ha véletlenül Frontin nélkül alszok el, akkor tutira felriadok és kétszázzal zakatol a szívem. Ezeket a helyzeteket is nehezen élem meg. És erre mondom én azt, hogy ez már gyógyszerfüggőség, bármit is mondjon a pszichiáter.

Az ilyen alkalmakkor végtelenül el tudok keseredni és eszembe sem jut örülni annak, hogy honnan indultam el és ahhoz képest milyen nagy ívű a fejlődésem. Mert szeretnék végre egészséges pszichével, félelmek nélkül élni, még akkor is, ha tudom, hogy ez lehetetlen, mert ez a szorongás életem végéig velem marad. Persze remélem, hogy nem lesz mindig ilyen intenzíven a társam és az irreális félelmeimtől meg tudok hamarosan szabadulni.

2009. február 14. szombat

Ez megint egy kemény időszak, de remélem, hogy átvészelem komoly visszaesés nélkül. Talán még a gyászmunka sincs befejezve, apu halálát sem tudtam még rendesen feldolgozni (azt sem tudom, hogyan kell igazából) és most munkahelyet váltottam. Nem volt egyszerű történet a változtatás, hiszen én mindent nehezen viselek, ami kimozdít a komfortzónámból, a megszokott biztonságos mókuskerékből. Egy háromfordulós meghallgatás sorozatot kellett kőkeményen végig izgulnom. Időnként szó szerint halálra rémültem közben, mert pl. az első meghallgatás előtt olyan heves szívdobogás jött rám, hogy majdnem elmenekültem a helyszínről. Rávettem magam, hogy maradjak és nekiálltam relaxálni éles helyzetben életemben először. És sikerült! Kb. 5 perc után beállt a szívritmusom és lenyugodtam.

Ezt el kell majd újságolni a pszichológusnak, hiszen ez óriási siker. De mivel megkaptam az állást, elég nehéz lesz időpontot egyeztetni vele. Az új helyen reggel 8-tól délután fél ötig kell majd dolgoznom. És emiatt is nehéz lesz az előttem álló időszak, hiszen az eddigi GYET melletti tinglitangli munkavégzésről át kell állni a komoly, felelősségteljes köztisztviselői munkára újra. De remélem, hogy menni fog. Sok tanulás, tanfolyam, gyakorlás vár rám, mire teljes jogú tagja lehetek majd a csapatnak. Nem lesz stresszmentes időszak, de nagyon örülök, hogy végre sikerült visszakerülni 7 év után a köztisztviselői szférába, hiszen ehhez van meg a végzettségem, ehhez értek. Élvezem, hogy beszippantott az államapparátus, de ettől függetlenül aggodalommal tölt el a dolog, mert nem könnyű átállni. Ráadásul az előző főnöktől sem sikerült úgy elválni, mint szerettem volna és ez bánt. A helyzethez méltóan rakoncátlankodik a szívem és nem is alszok jól. Voltam a kardiológián, de egyelőre csak annyit értem el, hogy előjegyeztek áprilisra, illetve terheléses EKG-ra és ultrahangra pedig májusra. Addig párszor feldobhatom a talpam, kicsit odébb van még mindkét időpont. Remélem választ kapok majd a vizsgálatok után – feltéve, ha a szívem együttműködő lesz és észlelhetőek lesznek a panaszaim ott is.

Erősnek kell lennem; nem borulhatok ki, nem szoronghatok, nem kell a pánik, mert akkor lőttek a jó munkahelynek.

Bár ilyen egyszerű lenne: kigondoljuk, hogy majd elmúlik és el is múlik... Sajnos nem így működik.
2009. március 07. vasárnap

Sokat vacakol a szívem és ez még mindig aggodalommal tölt el. Időnként kihagy, vagy nagyon nagyot dobban és olyan is van, amikor gyorsan többet is üt egyszerre. De mindezeket sormintába rendezve egymás után is képes eljátszani. Ilyenkor válok halálra teljesen, mert nagyon rémísztő, ha teljesen összevissza ver. Abszolút kiszámíthatatlan. Vannak ritkán olyan napok, amikor semmi rendellenest nem tapasztalok, de ha ilyen időszak után újra extrázik vagy kihagy, akkor az lelkileg jobban megvisel.

Nagyon nehéz szavakba foglalni ezeket az érzéseket. Abban a pillanatban, amikor félreüt, már rémülök is halálra és terjed szét minden sejtemben a félelem. Majd az egész helyét átveszi a szorongás és az aggodalom: Vajon miért csinálja? Mi bajom lehet? Mennyire komoly? Ebbe fogok belepusztulni? Igyekszem nyugtatni magam ilyenkor, hogy talán nem annyira komoly a helyzet, hiszen jó régen tapasztalom már ezeket és még mindig élek. Amíg másfajta tünetek is nem jelentkeznek, addig nincs nagy baj talán. Amíg „csak" ez van, addig túlélem. Ez nem jó megfogalmazás, mert túlélni túlélem, csak nem mindegy hogyan.

Miért van az, hogy mások, akiknek szintén vannak ilyen tüneteik, azok szinte észre sem veszik? Vagy ha érzékelik, akkor nem aggódnak miatta, nem ijedeznek? Hogy lehet nem megrémülni, ha szívritmus zavara van az embernek? És miért időszakosan jelentkezik nálam ez az egész? Volt 2006. őszén egy időszak, amikor sokat extrázgatott, de az elcsitult. Sokáig nem volt vele gondom, vagy legalábbis nem ennyi. Az utóbbi hónapokban kerget újra az őrületbe, mert mindennapossá váltak a gondok. Nagyon rossz. Vajon a stressz van ilyen hatással a motorra? Vajon életkor függő az egész?

2009. március 16. hétfő

Komolyan aggódok. Egyre jobban félek, mert a szorongások és halálfélelmek szép lassan visszakúsznak az életembe. Pedig igazából el sem tűntek, csak picit elcsendesedtek. De most másznak elő a rejtekből, hogy a kis pihenőjük után újult erővel riogassanak.

A szívem egyre többet és többféleképpen vacakol, ami miatt azt gondolom, hogy ez már komoly szívritmusprobléma. És ez a tudat számomra nehezen emészthető és riasztó. Két félreütés között nem szorongok, azt nem engedi a Frontin és az akaraterőm, viszont amikor épp nem szabályosan ver, akkor az alatt az idő alatt minden egyes alkalommal frászt kapok. Amikor félreüt, bedobban, szaporábban ver, kihagy vagy nemes egyszerűséggel csak szimplán más ritmusban ver, mint kellene, akkor nagyon rossz érzés kerít hatalmába és rettegek. Van olyan ember, aki erre nem ijedne meg? Én hosszú percekig nem tudok utána megnyugodni, majd, amikor sikerül, akkor élem tovább a mindennapjaimat. A következő észlelhető aritmiáig.

És ez bizony naponta előfordul akár 4-5 alkalommal is. A vizsgálatokig pedig még van jócskán idő. Jó volna már túl lenni az egészen, mert a bizonytalanságnál még a biztos rossz is jobb. Ha tudjuk mivel állunk szemben az legalább orvosolható.

2009. március 22. szombat

Halálra vagyok rémülve és csak sírok, hullanak a könnyeim, nem tudom abbahagyni. Ez akár lehet jó is, hiszen hónapok óta nem sírtam. Ez kihozhatja a bennem lévő feszültséget, ami hetek óta csak gyűlt. Eddig nem is éreztem szükségét a sírásnak, ma pedig csak úgy kirobbant belőlem. Annyira elegem lett a szívem gyártotta sormintákból, az emiatt érzett bizonytalanságból és félelemből, hogy egyik pillanatról a másikra összeomlottam. Nem is akarom visszatartani a könnyeimet vagy elfojtani, mert talán jótékony hatása lesz rám.

Valami azt súgja nekem, hogy nincs rendben a szívem, mert ezek a tünetek nem vallanak normális szívműködésre. Eddig is nagyon zavartak ezek félreütések, kihagyások és extra dobbanások – ami elég egyértelműen kiderülhetett már, hiszen hosszú idő óta erről szól szinte csak az irományom –, de akár képes is lennék ezt elfogadni, hiszen a szakirodalom is azt mondja, hogy ilyeneket mindenki megfigyelhet magán és nem kóros. Igen ám, de pánikbeteg vagyok és a beteg elmém bizony dolgozik: előállítja nekem a furábbnál is furább tüneteket és addig hergel, mígnem érkezik a kétségbeesett összeomlás.

2009. április 05. vasárnap

Persze a legutóbb említett összeomlást nem látja a külvilág. Max. a férjem, de ő is csak akkor, ha nem sikerül magamban lerendezni.

S hogy miből is áll a magamban lerendezés? Amikor sormintát ver a szívem, akkor ugyanabban a pillanatban már terjed is szét bennem megállíthatatlanul a rémület, gyomortájról indulva a végtagok felé úgy, hogy minden porcikámban gyakorlatilag fizikailag is érzem a rettegést. És a félelem ott marad bennem még hosszú percekig. A félelem helyét kicsit később átveszi a szorongás, ami már generálja is bennem a kérdéseket, az aggodalmakat: Mitől van ez? Mennyire komoly? Mikor jön a következő? Tipikus pánikos hozzáállás... Persze nem akkor jön a következő, amikor számítok rá, vagy gondolok rá, hanem mindig váratlanul és meglepve engem a mindennapi teendőim végzése közben. Amikor már épp el tudtam engedni az előző félreütés okozta aggodalmat, félelmet és élném normálisan az életemet, akkor hirtelen a semmiből megint elkezdi a szívem és ördögi körként indul a vészreakció. Naponta 2-3-4 alkalommal is, minden különösebb indok, vagy előrejelzés nélkül. Lassan azonban eljön az igazság pillanata, mert tegnap fönn volt a Holter monitor. Természetesen estig semmi extra, még véletlenül sem ütött félre. Gondoltam is, hogy lehet hiába van rajtam, mert ez alatt a 24 óra alatt majd direkt nem produkál semmit a szívem, nem rögzít semmi rendelleneset. A kardiológus meg majd áll bambán, hogy mihez is kezdjen az én szóban elmondott tüneteimmel, amit nem támaszt alá semmilyen vizsgálat, nincs bizonyíték. Este aztán két apró extra beütésnek „örülhettem" ¼ 9 magasságában, majd 10 körül olyan sormintát produkált, hogy jelezni is volt időm a készüléknek. Így van legalább egyszer egy esemény, amit láthat majd a kardiológus, hogy miről is beszélek, amikor félreütésről, extrákról magyarázok. Ugyanakkor nem őszinte az örömöm, ami miatt sikerült elcsípni egy tünetet, mert attól félek, hogy ez valami komoly betegség vagy rendellenesség jele. Pánikos agyamban már fel is sejlett, hogy valami beavatkozást igénylő betegségre fog fény derülni, látom magam a katéterlaborban, megjelent egy nyitott szívműtét, egy szívbillentyű csere képe is, sőt már a pacemaker is bekúszott a buksimba. Jó pánikbeteghez híven jócskán előrébb járok már gondolatban. Kedden minden kiderül, addigra lesz kiértékelve a Holter. Jó lenne megnyugodni kicsit és valami pozitív dolgot vizionálni inkább, de azt hiszem addig minden marad a régiben; szorongva, teli félelmekkel élhetem az előttem álló napokat. Próbálom túltenni magam a félelmeken, hiszen eddig sem haltam bele...

De nem igazán megy, mert folyton azt vizslatom, hogy működik a szívem. Nem tudom elengedni ezt, teljesen ki van hegyezve rá minden érzékem. És ha tapasztalok valami rendelleneset, akár csak apróságot is, akkor már pánikolok is befelé. Például most is a nyaki ütőérre téve az ujjam, ellenőriztem a szívverésem és határozottan éreztem, ahogy össze vissza dolgozik: két szabályos – szünet – két szabályos – szünet, de pont egy szívverésnyi. Majd megint két szívverés – szünet. Bárkit, aki azt meri állítani, hogy ez normális, esküszöm lefejelem! Nagyon elegem van ebből az egészből ám! Főleg, hogy a férjem sem olyan támogató, mint korábban. Sőt! Mostanában kifejezetten ellenséges és bántó tud lenni, ezért inkább már nem is mondom neki, hogy érzem magam, milyen félelmeim vannak, mert már nem érdekli. Ma is volt egy beszólása: „Mi van, már megint meg akarsz halni?" Bár úgy lenne, gondoltam, hiszen akkor nem zavarna, ha halálomon lennék és nem élném halálfélelmekkel az életem.

És még egy érdekesség az állapotomhoz, amit a napokban figyeltem meg; Amikor lehajolok, akkor szinte mindig bejön az extrázgatás, a félreütés. Mintha olyankor kapna a szív egy fizikális ingert. Elgondolkodtató.

2009. április 11. szombat

Megvolt a héten a Holter kiértékelése. Nem tudom, hogy csalódott vagyok-e, vagy örülök annak, hogy nem találtak semmi kórosat.

Most akkor mi van? Amit érzek, azt nem is érzem? Ez ám a jó móka! A kardiológus azt mondta, hogy nincs semmi olyan, ami ritmuszavarra utalna és hogy amit érzek, az nem szív eredetű probléma. What??? Lehet a pajzsmirigyemtől, vagy stresszsztől érzem. Dehát egyértelműen a szívem vacakol! Érzem. A kezemmel is rendszeresen kitapintom a nyaki verőéren. Most teljes a tanácstalanság a fejemben. Örüljek, hogy nem találtak semmit? De akkor nem vagyok előrébb, hiszen továbbra sem tudom, hogy mi okozza ezeket a kellemetlen tüneteket. Nyilván örülök, hogy nincs a szívemnek baja, de ugyanakkor teljesen kétségbe is vagyok esve. Ennyire nagy a baj az elmémmel? Mert ha nem a szívem a beteg, akkor sajnos az agyam. Mert a pánikos tudatalattim szórakozik velem, az gyártja az ijesztő tüneteket, illetve azok érzetét...

Ez sem jó hír. Ráadásul magamra maradtam teljesen ezzel a problémával. Egyedül kell megküzdenem a démonommal, mert a férjemre nem számíthatok, nem lehet megosztani vele ezirányú gondolataimat. Egy más okból kipattant veszekedés kapcsán nem rég a fejemhez vágta, hogy nincs az én szívemnek semmi baja, hiába csináltatok én bármilyen vizsgálatot, a gond a fejemben van. És egyébként is elege van az egészből. Hát még nekem mennyire elegem van! Én érzem, én szenvedek tőle. Ő csak azt látja, hogy amikor pánikolok, vagy szorongok, akkor árnyéka vagyok csak önmagamnak. Sajnos eszébe sem jut, hogy ez milyen nehéz nekem és még nehezebb lesz, ha ő nem támogat. Ha ellenem fordul és folyamatosan cikiz, akkor nekem ezzel az egésszel szinte lehetetlen lesz megküzdeni.

Nem látom a kiutat. Ez nem is élet így, ez csak vegetálás két pánikroham között. Végzem gépiesen a dolgomat, amikor épp nem a pánikrohamaimat igyekszem túlélni. A félelmek, szorongások és a pánik a kilométerkövek a mindennapjaimban, ezek határozzák meg az életemet. Amikor épp nem ezek borítanak el, akkor tudok figyelni a teendőimre és helyt állni többé-kevésbé anyaként, háziasszonyként, munkaerőként. De továbbra sem tudok nem pánikolni, ha olyat érzek, ami eltér a normálistól. Most már mindig ez lesz? Soha nem múlik el? Ez belém van kódolva. Viszont a rossz programot bizonyára lehet valahogy törölni. Ennek a módját kellene megtalálni, mert folyamatosan itt van bennem a tipikus szorongás attól, hogy megint mikor jön egy pánikot kiváltó ok, hogy ismét bekövetkezik egy pánikroham. Annyira szánalmasnak érzem magam. És annyira elegem van az egészből, hogy már megint önsajnálatba zuhantam.

2009. május 31. vasárnap

Még mindig nem emésztettem meg teljesen, hogy a kardiológiai kivizsgálás nem talált semmit, hiszen amiket érzek, azokat biztos, hogy nem csak beképzelem. Tegnap is félóránként, óránként volt egy extra bedobbanás. Csak úgy. A szokásos menetrend szerint: extra – pánik –szorongás – megnyugvás és teendők tovább végzése. Nincs tőle jókedvem, mentálisan nagyon lenyom és rengeteg energiát kivesz belőlem. Kardiológiai megközelítésben egészséges vagyok a szakorvos szerint. Szedjem a Frontint, lazuljak. Ha ez ilyen könnyen menne, akkor már rég nem lenne semmi bajom. Lassan eljutok oda, hogy a pillanatnyi rémületet követően, amikor érzem az extrázgatásokat, már nem pánikba esek, hanem dühös leszek.

2009. június 01. hétfő

Nem érzem magam jól a bőrömben. Ha nincs semmi baja a szívemnek, akkor mit csinál, amikor a félreütéseket, extra bedobbanásokat, kihagyásokat érzem? Tegnap kilencszer hozta rám a frászt, ma „csak" ötször délután 4 óráig. De ezeket az extrákat sem a Holter nem rögzítette, sem a terheléses EKG alatt nem éreztem, de az ultrahangon sem sikerült fülön csípni. Kvázi a kardiológus nem is tudja, hogy én miről beszélek. Szóval mire fel is állítja, hogy semmi bajom? Tulajdonképpen ebből a megközelítésből bármi baja is lehet a szívemnek, hiszen csak azt tudjuk, hogy a jelen vizsgálatok nem támasztották alá a tapasztalt panaszokat. Ezért nem nyugtatott meg az eredmény. Nem jutottam előrébb, egyhelyben toporgok. Csalódottságot érzek, amiért nem találtak semmit, ami megmagyarázná az érzett tüneteimet. És azt sem értem, hogy az miért van, hogy napokig elvagyok panasz nélkül, majd 2-3 napon keresztül az őrületbe kerget a sok félreütés. Stressz? Front? Annyira unalmas, hogy csak találgatok, de választ nem kapok a kérdéseimre. Viszont a szorongások és a pánik szép lassan visszaépülnek az életembe. A szívem hülyeségei miatt gyakorlatilag folyamatosan jelen vannak és ismét megkeserítik az életem. Főleg úgy, hogy a test bármely pontján – alattomosan támadó, semmiből jövő – ismeretlen, rendellenes működés képes bármikor generálni egy pánikrohamot. Egy olyan apróság is, mint egy akaratlan izomrángás az arcon. Utólag, racionálisan végig gondolva szinte nevetségesek a félelmeim, de ott és akkor nem tudok észszerűen gondolkodni, az aggodalmak reflexként beindulnak. Magamat ismétlem csak: elegem van ebből az egészből. De legfőképp a hullámzásból: amikor azt hiszem, hogy felülkerekedtem, hogy elfogadtam a pánikbetegséget, illetve megtanultam együtt élni az állapotommal, akkor jön egy apróság és borul minden.

Kimerült vagyok és frusztrált.
2009. június 02. kedd

Ez egy pocsék nap volt, méltó folytatása az előző háromnak. Most kilátástalanságot érzek és elkeseredett dühöt a pánik és szorongás helyett.

Igazolódni látszik a kardiológus stressz elmélete, miszerint nem a szívem beteg, hanem az idegeskedés és a traumák okozzák a tüneteimet. Azt tapasztalom, hogy konkrét stresszhelyzetben sokkal több az extra ütés vagy kihagyás. De ez is eléggé nyugtalanító számomra, mert erre nincs megoldás. Ha konkrét szervi bajt találtak volna, arra lenne gyógymód. A pánikos agyam viszont addig fogja csesztetni a szívemet, amíg valóban megbetegíti. Emellett nem tudok csak úgy elmenni. Ez a felismerés eléggé a földbe döngölt.

A másik dolog, ami miatt elkeseredtem, az a férjem hozzám való viszonyulása. Nem is jól fogalmazok; ez nem is elkeseredettség, hanem mélységes csalódottság és harag. Mivel megritkultak az intim együttléteink az állapotom miatt, ezért átváltott bántó, sértett figurába. Nem érti, hogy nem hiányzik, nem esik jól. Lehetséges, hogy nem csak az állapotom van hatással a libidómra, de a Frontin is. Látszik rajta, hogy ez számára nem megfelelő így, meg is értem. De akkor sem kellene piszkálódni. Megkaptam, hogy elege van belőlem, a nyűgjeimből. (Pedig a fele nyűgömet sem tudja, mert már rég nem mondom.) Szerinte senki nem tud rajtam segíteni és én már ilyen maradok. Hazudnék, ha azt mondanám, hogy jól esett a megállapítása. Hiába próbáltam megosztani vele a gondolataimat, az érzéseimet, hogy a támogatásával leszek képes szembenézni ezzel az egésszel, egyedül szinte lehetetlen. Azt mondja, hogy ő mindig mellettem áll és támogat. Már amennyiben támogatásként fogható fel, hogy nem hagyott még el a pánikbetegségem miatt. De sajnos nem érzem, hogy partner lenne már a betegség ellen folytatott küzdelemben. Inkább csak elvisel maga mellett amikor szarul vagyok, és learatja a gyümölcsét, amikor jobb passzban vagyok. Úgy érzem csak azért nem ment el, mert nincs hozzá bátorsága. Szerintem már rég nem engem szeret, hanem csak egy ábrándképet, ami kialakult a fejében rólam. Az igazi énemet már rég nem tudja elviselni. És tulajdonképpen nem is hibáztathatom érte, hiszen nem maradt bennem sok szeretni való. Vagy egyszerűen csak megunta a problémáimat. Ez is érthető. De az semmiképp nem elfogadható, hogy megbántson és gorombáskodjon velem. Főleg úgy, hogy megismerkedésünk idején már bőven pánikbeteg voltam és soha nem titkoltam el az állapotomat és az abból fakadó következményeket. Eleve pánikbetegként ismert meg. Nem árultam zsákbamacskát. Így szeretett meg betegen, elesetten és most meg kijelenti, hogy nem ilyen lovat akart? Ez rettenetesen rosszul esik és nagyon kiábrándító erre ráébredni. Ő már nem akar pátyolgatni, nem akar segíteni azzal, hogy meghallgat, mert fölösleges, hiszen menthetetlen vagyok. Nagyon fáj ezt pont az ő szájából hallani és megemészteni.

Hiába próbáltam megosztani a gondolataimat, hiába mondtam el az érzéseimet és a félelmeimet, már nem is jutottak el hozzá. Csak azt javasolta, hogy menjek el egy maszek orvoshoz, akinek a pénzemért érdekében áll diagnosztizálni valamit és gyógyíttassam meg magam. Itt lett számomra vége a kommunikációnak, amit azzal az egyértelmű jelzéssel zártam, hogy felálltam és elmentem otthonról. Bicajra pattantam és tekertem egy órát, hogy lehiggadjak kicsit. Amikor hazaértem, akkor sem szóltam a férjemhez, elvonultam a naplómmal. Az legalább nem gúnyol ki, nem mondja, hogy menthetetlen vagyok, nyugodtan beleírhatom az érzéseimet. Erőt meríthetek abból, hogy kiírom magamból, ami bánt. Persze közben a férjem bejött, ott folytatta ahol abbahagyta, szerinte minden bajának én vagyok az okozója. A szavait nem tudom visszaidézni, már nem emlékszem pontosan. Az érzésre emlékszem, mennyire kiábrándító volt, ahogy itt ült az ágy szélén és folyt belőle a bántani akarás és az önsajnálat. Én meg sem szólaltam. Csak vártam, hogy befejezze. De nem nagyon akarta. Hallgattam egy darabig a panaszáradatot. Amikor már hallgatni sem bírtam, egyszerűen csak megkértem halkan, hogy hagyja abba, mert nem akarok erről most beszélgetni. De nem, csak fújta tovább egyre jobban belelovalva magát a negatív spirálba. Megkérdeztem tőle, hogy a mondatnak – nem akarok erről most beszélgetni – mely része nem volt értehető? Erre dühösen kiviharzott. De legalább vége lett a monológnak...

Menthetetlen vagyok, mint pánikbeteg... miattam pocsék az élete... Szuper. Ez olyan megalázó, annyira mélyen megbántott, hogy most azt érzem, ezzel az emberrel nem szabad egy percet sem tovább élni.

Miért olyan nehéz felfognia, hogy ez most nem róla szól? Képtelen kicsit empatikusabban vizsgálni a körülményeket és némi toleranciát mutatni irányomba. Ha picit figyelmesebb tudna lenni, ha érdekelné őt, hogy mi zajlik bennem... Talán én is jobban tudnék igazodni hozzá és jó társa lehetnék. De nem egy nyelvet beszélünk. Most ott duzzog a nappaliban, meg van róla győződve, hogy neki van igaza. Közben átkozza a percet amikor megismert, a napot pedig amikor elvett feleségül még jobban. De a legnagyobb szívás az, hogy belement a nagycsaládba, amit én akartam és ezzel egymáshoz láncoltuk magunkat egy jó időre. Hiszen a gyerekeket fel kell nevelni. De hogy nem tudunk értelmes felnőttek módjára, normálisan beszélgetni erről, az a legnagyobb probléma.

2009. június 03. szerda

Olvastam egy pánikos fórumban egy hozzászólást és egyvalami megfogott benne: „Ordítani tudnék, hogy így kell élni életem végéig, hogy nem tudok soha végleg megszabadulni a lelki problémáimtól..."

Ez a mondat szerintem bármelyik pánikostól származhatna. Tegnap a férjem ébresztett rá, hogy így van; egy pánikbeteg soha nem lesz gyógyult, maximum örülhetünk a tünetmentes időszakoknak, de előbb-utóbb valami újra és újra előhozza. Stressz, betegség, bármi. Az életünk nem szól egyébről, mint a pánik és szorongás legyőzéséről. Ha sikerül, akkor büszkék vagyunk magunkra, ha nem, akkor legyűr újra a betegség és mi életünk felét azzal töltjük, hogy mászunk kifelé a gödörből. Amikor épp feljutnánk, akkor valami újra beleránt, vagy beletaszít. Nem túl szép kilátások...

Én is így vagyok ezzel. Volt már 2-3 mély gödör az elmúlt 20 évben, most három éve volt a legutolsó. Mindig másféle tünetekkel jelentkezett, ill. mindig másféle kísérőbetegségei voltak. Három éve is kijöttem a gödörből, úgy éreztem meg is tanultam kezelni a betegséget. De azóta is ott vagyok a gödör szélén. Felül, de nem távolodtam el tőle és bármikor belepottyanhatok. Naponta megérint a pánik és szorongás szele, ami a mély gödörből árad felfelé, és mint valami jeges spirál, vonz lefelé. Bármikor újra visszazuhanhatok. Érdemes ezzel a folyamatos harccal élni? Vagy törődjünk bele, hogy ez van, hiszen hiába hadakozunk ellene?

Ki kell használni a szorongás és pánikmentes órákat, napokat; túl kell élni a pánikrohamot és az utána következő szorongásos időszakot és jöhet minden újra elölről.

Tudom, hogy így kell élnem, de ha a szakadék szélén tudok maradni életem végéig, az jó. Csak ott tudjam magam tartani.

2009. június 04. csütörtök

Már reggel 7 órakor megörvendeztetett a szívem egy jó kis extrával. Érdekes módon ezt a mellkasom jobb oldalában éreztem. Mi történt? Átvándorolt a szívem a másik oldalra? Nocsak, humorizálok! Ez jó jel. Nem hagyom, hogy bedaráljon! Extra ütés – ijedtség – konstatáltam, hogy nem haltam meg most sem. Megy minden tovább. Eddig sem állt meg, talán ezután sem fog. Legalább is nem emiatt. Lehet, hogy tényleg a pánikos agyam generálja ezeket a félreütéseket? Ez esetben el kell kapnom a frakkját, nehogy a végén tényleg kinyírjon, nehogy valami igazi szervi baj legyen belőle. Első lépésként meg kell emelni a Frontint, hogy el tudjam viselni magam és a szorongásaimat. Utána irány vissza a pszichológushoz, hogy folytassuk, amit elkezdtünk, mert egyedül kudarcra vagyok ítélve.

2009. június 06. szombat

Bőszen írogatom magamnak az összes extrát percre pontosan. Csak tudnám minek? Ha eljutok maszek kardiológushoz, nem hiszem, hogy ennyire részletesen érdekelni fogja. Ráadásul ezzel magamban is csak azt erősítem, hogy figyelek rá, hogy félek tőle, hogy idegesít. Pont az ellenkezőjét kellene csinálni; nem foglalkozni vele, nagy ívben letojni és akkor talán megfutamodna.

2009. június 07. vasárnap

Tegnapi gondolatmenetemet megerősítette a pszichológus, hiszen a tünet minden máshoz hasonlóan a saját maga fenntartásáért küzd. Vagyis, ha elfogadjuk a létezését, akkor könnyebben megszabadulhatunk tőle, mert akkor úgymond feleslegessé válik, hogy folyton jelen legyen. És minél jobban hadakozunk ellene, annál erőteljesebben jelentkezik. Tehát tudatosan fel lehet ellene venni a harcot.

Sarah Wilson – aki szintén pánikos tapasztalatait osztja meg a világgal – is ír erről az egyik könyvében: „Ami ellen kapálózunk, az velünk marad. Amibe beleülünk és megéljük, az végül kezelhetővé szelídül... Sokan nem meggyógyulnak a végére, hanem megváltoznak." Ha neki sikerült, nekem is sikerülnie kell! Ha jön az extra dobbanás és sajnos vele együtt a rémület is, akkor tudatosítani kell, hogy még élek, nem történt semmi baj. Ez a félreütés is csak olyan volt, mint a többi és tovább kell lépni. Ez így papírra vetve nagyon egyszerű, a gyakorlatban nehezebb lesz kivitelezni. De nincs veszíteni valóm, ki kell próbálni. Készen állok rá – mondom ezt most, amikor jól leszedáltam magam a megemelt Frontin adagommal.

Húúúúúúúú, de nyomi vagyok mentálisan.
2009. június 15. hétfő

Elég rémesen érzem magam; félek, hogy kicsúszik a kezemből az irányítás és megint magamba zuhanok. Fogalmam sincs, hogy mit csináljak... A férjemtől kérhetnék segítséget, de neki tele van az egésszel a hócipője, nem is tudna segíteni, és nem is akarna. Pedig lehet, hogy csak ki kellene rángatnia ebből az állóvízből valahogy. De úgy nézem, hogy semmi ingerenciája nincs arra, hogy jelen állapotomban foglalkozzon velem.

Két hete nem írtam, de azóta érdekesen alakulok.
2009. július 01. szerda

Az extráimmal megbarátkoztam, igyekeztem nem pánikba esni, elfogadni a létezését és úgy tűnt, hogy ez valóban jó taktika lehet. Volt, hogy egyáltalán nem volt egy sem napokig, volt, hogy csak 1-2 jelentkezett, szóval könnyű volt nem venni róla tudomást, hiszen szinte alig volt miről. Így a Frontint is elkezdhettem csökkenteni, mert nem volt rá szükség. A pszichiáter azt javasolta, hogy heti fél szemmel legyen mindig kevesebb a napi adag. Most ott tartok, hogy 4 x 0,25 milligrammot szedek, tehát ez összesen csak napi 1 mg. Se többet, se kevesebbet nem veszek be. Ma ugyan megfordult a fejemben, hogy visszább emelem kicsit, de azután el is vetettem az ötletet, mert rájöttem, hogy ez nem megoldás. Maradok a napi 1 mg-nál, de egyelőre nem csökkentem tovább.

Történt ugyanis, hogy ma akkorát extrázott a szívem, hogy majd kiugrott a mellkasomból, rendesen bele is szédültem. Természetesen jött is ugyanabban a pillanatban a pánik is. Azután még egy extra és az újabb riadalom. 5-10 percenként bedobbant és emiatt állandósult bennem a félelem, ami szép kis pánikká fejlődött. Nehéz nem tudomást venni arról, ha rendellenesen dobog az ember szíve. Mert azt éreztem, hogy megáll, majd meggondolja magát és hatalmas intenzitással újra verni kezd. És ezt többször egymás után. Azért öt percenként ezt átélni elég riasztó. Amikor kihagyott, a hang azt mondta a fejemben, hogy meghaltam. Amikor újra dobogott, akkor meg azt, hogy mégsem... Most ismét erősebb lettem, hiszen ami nem öl meg, az megerősít. Estére enyhültek és ritkultak a tünetek és konstatálhattam megkönnyebbülten, hogy ismét nem haltam meg, ezt is túléltem.

Viszont továbbra sem tudom, hogy mitől vannak ilyen félelmetes ritmusproblémáim. Bármi előidézheti elvileg: hideg, vagy melegfront, stressz, telihold, öröm, bánat. Ráfoghatom bármire, hiszen a kardiológus szerint nincs szervi probléma. Ráadásul úgy tűnik, hogy ezek úgy jönnek-mennek, ahogy nekik tetszik. Elszomorít ez az egész.

2009. július 02. csütörtök

A tegnapi nap után sajnos ma is volt jó néhány extra beütés és emiatt nem is éreztem túl jól magama a bőrömben. Próbáltam tartani magam, többé-kevésbé sikerült is. Inkább kevésbé. Most ismét az összeomlás – illetve a gödör – szélén egyensúlyozok és érzem ahogy csúszok ismét egyre lejjebb és lejjebb. A félelem spirál visz lefelé és a gödör mélyéig nincs megállás.

Egész nap feszült voltam, aztán az ebéd utáni mosogatás közben kaptam 2-3 extrát és készen is volt az újabb pánikroham már az első félreütés pillanatában. Minden egyes félreütéssel mélyült a rémület, ismét kézzelfogható lett. 10 perc alatt jó pár darabot produkáltam, meg sem tudtam őket számolni. Hiába figyelem közben mi történik, hiába teszem a carotisra az ujjam, lehetetlen beazonosítani. Lehet, hogy a tachycardia miatt vannak esetleg? Tegnap ugyanis az üzemorvosi vizsgálaton, nyugalmi állapotban is 106 volt a pulzusom, nyilván terhelésre ez emelkedik és már többször jártam az elmúlt években a sürgősségin emiatt, hiszen nem egyszer járt 200 fölött is a pulzusom. Régebben szedtem erre gyógyszert, talán újra fel kellene íratnom. A foglalkoztatás egészségügyi orvos minden esetre erre tett javaslatot. Sőt elő is állított egy receptet, hogy szedjem a gyógyszert, mert az nem jó, ha folyamatosan így pörög a szívem, kell neki egy kis fék.

Annyira elborított a pánik, hogy lementem az orvosi rendelőbe, hogy csináltassak egy gyors EKG-t. Az orvosig el sem jutottam, már az asszisztens megállított, mert közölte, hogy 11 órától előjegyzett betegek következnek és a sort indokolatlanul nem lehet feltartani. No szép! Az ember el is pusztulhat az orvosi rendelő küszöbén. Az viszont tény, hogy amíg ott üldögéltem a váróban várva a csodát, hogy esetleg mégis bejutok egyáltalán nem extrázott. Vagy a biztonság érzése segített, hogy csak nem hagynak meghalni egy rendelőben, mert az ajtó másik oldalán ott az orvos, vagy a fél Frontin, amit bevettem előtte, de elmúlt a pánik. De az is lehet, hogy magától múlt el, mert a pánikroham sem tart örökké. Végül már azon kezdtem el gondolkodni, ha mégis behívnak, akkor mit mondok a doktornőnek, hogy ne legyek nevetséges.

Rég volt ilyen pánikrohamom már, azt gondoltam az ilyen szintű félelem a múlté. Lehet, hogy vissza kell emelni a Frontint? Szerencse, hogy hétfőn pont mennem kell a pszichiáteremhez és megmondja mi következik most. Az ő tanácsa szerint próbáltam csökkenteni teljesen fokozatosan a gyógyszert, de úgy tűnik nem jön be. Lehet soha nem szabadulok meg tőle.

A Betalocot is kiváltottam, elkezdem szedni. Ha a szapora szívműködést megállítja, már nyertem és hátha ezekre az extrákra is hatással lesz. Mert most ugrott be, hogy tavaly ősszel azt mondta a kardiológus, hogy ha nagyon zavaróak ezek az extrák, akkor írhat föl béta blokkolót. És a Betaloc is béta blokkoló. Szóval most ez a legújabb reménysugár. Ez fog rajtam segíteni. Túléltem egy újabb extrázásokkal teli napot... túléltem egy rég nem látott, nagyon komoly pánikrohamot. Akkor most erősebb lettem? Vagy már a gödör alján vagyok, mert visszacsúsztam? Ennek soha nem lesz vége?

2009. július 03. péntek

6.30: Gyakorlatilag derült égből villámcsapásként visszaestem. Kész téboly. Egyik nap még semmi baj, élem a pánikmentes hétköznapokat, másnap meg egyszer csak hopp, ott terem. Igaz időszakosan, és hullámzóan, de újra itt van két napja. Gyűlölöm ezt az egészet. Most megint emeljem vissza a gyógyszert, hogy egyáltalán anyja tudjak lenni a gyerekeimnek és végezni tudjam a munkámat? Anélkül nem fog menni, mert csak vergődőm a szorongás, a feszültség és a pánik szorításában. Próbáltam az eddig sikerrel használt elterelő technikákat, a relaxot, de mit sem ér. Szörnyű érzés amikor tehetetlen vagy az elborító rossz érzésekkel szemben. Gondoltam elég, ha leállok a gyógyszer csökkentésével és szedem azt az adagot, aminél most tartok. De két napja csak egyre rosszabb. A bennem lévő feszültség olyan erős, hogy nem tudok egyhelyben megmaradni. Ha ülök, akkor a lábamat lóbálom, hogy úgy érezzem mozgásban vagyok. Olyan szintű adrenalint termel a szervezetem, hogy képtelen vagyok nyugodtan lenni.

Hajnali ötkor felébresztettek a madarak és a következő pillanatban már azt éreztem, hogy a bennem szétáradó szorongás olyan erős, hogy nem bírom ki. Szó szerint kidobott az ágy. Elköszöntem a férjemtől – aki dolgozni indult – és megerőszakoltam magam; visszafeküdtem. Próbáltam lazítani, relaxálni, de csak forgolódás lett belőle. Valamelyest lehiggadtam, mert el-elaludtam 5-10 percekre, de végül feladtam. De itt ülni a gép előtt sem jobb. Most az sem segít, hogy írok. Legszívesebben zokognék kétségbe esésemben, vagy járkálnék le, s föl, mint egy ketrecbe zárt állat. Ha jól tévedek, akkor három éve nem voltam ilyen pocsékul. Én ezt nem akarom!

7.10: oké, higgadjunk le! Bevettem egy 0,5-ös Frontint, ami ki fog ütni, mert már csak 0, 25-t szedtem napi 3-4-szer. De muszáj, mert különben megtébolyodok. Ez a pánik kicsinál. Ez az én kislányos alakom titka is – bár szívesen lemondanék róla –, mert egy-egy ilyen pánikos epizódnál ledobok pár kilót mindig. Hiába vagyok éhes, nem megy le kaja a torkomon. Plusz még az alapanyagcserém is gyors. Szóval a kalóriadeficit adott. Aztán jöhet a reggeli kávé, mert anélkül megint nem megy. Mindenhol azt olvasom, hogy nem való a pánikosnak a kávé, kerülni kell a koffeint, mert izgató hatása van. De én hiába próbálok kávé nélkül meglenni, függő vagyok; anélkül nem lehet napot indítani. A vérnyomásom rendben (inkább még alacsony is), de a pulzusom az egekben. Alaphangon 90-100. Ha feljövök a negyedikre, akkor sokkal magasabb. Erre mondta az orvos, hogy szedni kellene valami „féket", mert ez a tachycardia bizony nem múlik el magától és nem tesz jót a szívemnek, hogy folyamatosan magasabb fordulaton teker. Lehet, hogy az extrák, a bedobbanások is emiatt vannak, amikor épp meglódul, vagy az elektromos vezérlése próbálja visszafogni? Ezek miatt az extrák miatt jött rám megint két napja a kétségbeesés, mert hetekig nem volt semmi, most meg volt olyan, hogy öt percenként félre ütött, beextrázott és ettől jött a jeges rémület.

Már egy hónapja ott van a szekrényben a kiváltott gyógyszer, de nem mertem bevenni. Mi lesz, ha allergiás reakciót vált ki? Tudom, hülye vagyok. De ez hozzátartozik a pánikbetegséghez nálam. Akármit nem veszek be. Most írt föl egy másikat, amit tizenéve már szedtem. De még azt sem mertem bevenni (pedig arra nem valószínű, hogy allergiás lennék, hiszen évekig szedtem, mikor a nagyobb lányom megszületett). Ráadásul pont erre való: szapora szívműködésre és nem szív eredetű szívritmusproblémákra. Majd holnap reggel talán, amikor legalább a férjem itthon lesz és ha valami gond van, intézkedhet. Most egyedül vagyok a gyerekekkel; ha történik velem valami akkor mi van? **Annyira gyűlölöm magam. Olyan mintha nem is lennék teljes értékű ember.** **10.30:** Erőteljes a deja vu érzés... Visszaolvastam a naplómban és olyan ismerősen cseng benne minden szó. Nem azért, mert én írtam, hanem mert ugyanezt érzem most is, mint 3 éve. Szinte szó szerint megismételhetném, amiket akkor írtam, csak össze kellene kicsit mixelni: szorongás – erős feszültség – félelem a félelemtől – extra dobbanások – pánik... Nem tudok semmi hasznosan csinálni, csak ülök és nézek ki a fejemből. Hol bambán és kimerülten, hol pedig küzdve saját magammal. Persze az evés sem megy. Újra ledobok 1-2 kilót, bár nem biztos, hogy kellene, mert nem fog az előnyömre válni.

Természetesen a Frontinnal visszaálltam a maximumra, mert másképp nem tudom elviselni magam és a helyzetet. Tehát 1 – ½ – 1 – ½ – 1 elosztásban újra 2 mg a napi adag. És remélem a Betaloc is jó lesz, ha végre elmerem kezdeni szedni. Csak hinnem kell benne, hogy jó lesz minden. Helyre kell rázódni hétfőig, mert menni kell dolgozni. Elég gáz lenne, ha táppénzre kellene jönnöm. Valahogy ki kell másznom a gödörből!

2009. július 06. hétfő

A pszichiáterem szerint már ki is másztam... Mármint a pánikos gödörből ügyesen. Tegnap voltam nála és nem lepődött meg azon, hogy visszaestem. Azt mondta, hogy több pánikos is visszaesett a héten, sokakra nagyon rossz hatással van a meleg és a front. Bár nálam nem ez az elsődleges. Nálam a nyár erős rizikófaktor, hiszen a pánik előidézője nagyon sok esetben a család. Nyáron és szabi alatt jelentkezett az új pánik... Elég egyértelmű: „Családfóbiás" vagyok. Ilyenkor éjjel nappal csak a család, a házimunka, a gyerekek vannak és magamra egyáltalán nincs idő. Ha a munkahelyen vagyok, akkor végzem a melót, nem kell folyton a családon agyalni és egy kicsit önmagam lehetek. Mert a szakmámban dolgozom, és bár ez nem nevezhető kikapcsolódásnak, mégis jobban érzem magam itt a bőrömben, mint otthon. Nem tudom miért van így. És hogy valóban ez e a tényleges ok, azt nem tudom. Egy volt kollégám jutott eszembe erről... „Ha biztonságban tudom a gyerekeimet, akkor minden a legnagyobb rendben van. Sokkal könnyebb őket távolról szeretni, ha más foglalkozik velük." Ez most így csúnyán hangzik, de ha belegondolunk, akkor van benne igazság, bármennyire sarkos is a dolog. És nehogy azt higgye bárki is, hogy munka alatt nincs „idő" pánikolni! Dehogy nincs! Ha jön, akkor jön. Akárhol vagyok, képes ledönteni a lábamról. Csak épp, ha nem otthoni környezetben vagyok, akkor nem hagyom úgy el magam. A pánik egyébként nem kíméli az embert sehol. Ha jön, akkor lehengerel.

De nagy igazság, hogy nem tehetem meg, hogy amikor dolgozom és teljesítenem kell próbaidő alatt, akkor a pánikkal foglalkozzak. Muszáj átlélegezni és kibírni anélkül, hogy láthatóan kiborulnék. Olyan ez, mint a szülési fájdalom: elkerülhetetlen és ki kell bírni.

A gyógyszertől természetesen függővé lehet válni, (szerintem én az is vagyok, hiszen, ha beveszem jó, ha nem akkor szarul vagyok.) De ez nem mentális függőség, hanem a hatóanyag iránti. Bár a pszichiáterem szerint nem probléma, akár tíz évig is szedhető ez a gyógyszer... Én meg csak 3,5 éve szedem, ráadásul megszakításokkal.

A hobbit javasolta az orvosom, mint énidőt. Sokat segíthetne, ha találnék olyan időtöltést, amit szeretek, ami kikapcsol és amiben örömömet lelem. Amikor sem munkahely, sem család nincs a fejemben. Amit csakis magamért csinálok. Ez az, ami elég nehezen kivitelezhető. Egyrészt nem tudom, hogy mi lenne az az elfoglaltság, ami jól esne, élvezném és mindezt lelkiismeret furdalás nélkül megtehetném. Arra gondoltam, hogy el kéne kezdeni úszni járni. Sport is, egészséges is, talán szeretném is. Szóba jöhetne a Pilates is. De a neveltetésem nem engedi, hogy ne legyen lelkiismeret furdalásom, ha a családomtól veszem el az időt. Erről sokat beszélgettünk tegnap a pszichiáterrel. Mert mindenkiben megvannak a belenevelt erkölcsi értékek, a gátak, amitől, ha megszakad sem tud szabadulni. Eszerint éljük az életünket. Vannak vágyak, álmok és a kettőt összeegyeztetni nem nagyon lehet. ill. csak nagyon nehezen. Jön a szerepkonfliktus, jönnek a különböző mentális defektek és a vele együtt járó egészségügyi problémák. Mindenkinél, kivétel nélkül. Van, akinek gyomorfekélye van és újul ki, van, aki migrénes, van, aki pánikos, vagy épp depressziós...

2009. július 08. szerda

Lehet, hogy kinn vagyok a gödörből, de a teljes normalizálódástól még messze vagyok... Amikor bedobban, félreüt, már zsigerből abban a pillanatban jön a pánik. De a tudatommal próbálom kontrollálni. Hol sikerül, hol nem. Tudomásul kell vennem racionálisan, hogy ez van, ez nálam egyéni érzékenység és két extra bedobbanás között nem szorongani kell, hanem élvezni az életet. Ha meg vége, hiába kapálózok, úgyis elvisz a kaszás... addig meg a lehető legtöbbet és legminőségibb életet kell kihoznom a mindennapokból. Ezt sulykolom most magamba.

2009. július 11. szombat

Időnként a szorongás és pánik helyett elborít a tehetetlen düh. A minap is így jártam, amikor vacakolt megint a szívem. Levezetendő a feszültséget, jött egy hirtelen ötlet: beveszem a Betalocot. Azt mondtam magamnak, hogy teljesen mindegy, hogy mitől jön a pánikroham – a szívem rendellenes dobbanásaitól, vagy a félelemtől, hogy allergiás leszek a gyógyszerre. Fél óra múltával meg is nyugodtam, hiszen még mindig életben voltam. Úgy tűnik, nem érkezett az anafilaxiás sokk, kvázi nem vagyok allergiás a gyógyszerre. És oké, Betaloc benn, majd az segíteni fog a szívműködésnek, a megemelt Frontin pedig rendbe teszi a szorongásaimat ismét.

Bár inkább úgy kellene fogalmazni, hogy a Frontin inkább csak leszedál, nem pánikolok ok nélkül, hacsak épp nem vacakol az átlagnál többet a szívem. Ha csak napi 2-3 alkalom adódik, akkor azon túlteszem magam, nem szorongok nagyon miatta. A hetet sikerült végig dolgoznom, de azért voltak nehéz perceim. Amikor hívás közben beextrázott és én nem tehettem semmit, mert az ügyfél a vonalban volt, az nem volt könnyű. De megoldódott, mert a beszélgetésre kellett koncentrálni és nem tudtam kilépni a helyzetből. Úgy érzem ez egy fontos momentum a pánikkal kapcsolatban. Ha nem tudom menekülőre fogni a dolgot, mert rá vagyok kényszerítve, hogy maradjak benne a helyzetben, akkor az is segíthet. Ez hasonlít ahhoz, mint amit a pszichológus mondott anno: a tünet önmaga fenntartásáért küzd, és ha nem veszünk róla tudomást, eloldalog. Szerintem ez esetben is ez történhetett; nem tudtam törődni a parával, mert válaszolni kellett az ügyfél kérdésére. Persze ez csak akkor igaz, ha nem sokat extrázgat a szívem. Mert ha megszokottnál többet verdes összevissza, akkor bizony elkerülhetetlenül jön a szokásos zsigeri pánik. Ezt követi, hogy a tudatos énem hajtogatja, hogy nincs semmi baj... eddig sem történt semmi, ezután sem fog... most sem halok meg. Ettől függetlenül már nem először érzem azt, hogy elegem van abból, hogy tehetetlen vagyok. Lehet, hogy nem szíveredetű, de akkor is riasztó. Nem akarok szenvedni! Elég volt, hogy minden egyes félreütésnél, kihagyásnál, extránál – vagy tudja a fene, hogy kellene ezeket nevezni – újra és úja átélem a rettegést. Az is szánalmas, hogy a halálfélelem lett a leghűbb társam az életemnek ebben a szakaszában is. Mások ezt életük során jó esetben ritkán tapasztalják meg, feltehetően sokak csak az igazi halálközeli élmények átélésekor, vagy a ténylegesen bekövetkező halál torkában. Én ezzel szemben minden nap többször is meghalok fejben. Mitől is félek akkor igazából??? Szerintem az igazi halál sem lesz rosszabb ezeknél az átélt pánikrohamoknál, sőt a vége megnyugvást hoz majd, hogy nem kell ismét megtapasztalni. Szóval nem hiszem, hogy rémesebb lesz majd egy jó kis masszív pánikrohamtól.

Vajon miért történik ez velem? Mit akar a tudatalattim ezzel üzenni? Vagy mégis beteg a szívem? Elmúlik ez valaha? Vagy kénytelen leszek hozzászokni és ebből kihozni a legjobbat...

2009. július 13. hétfő

11.00: Még mindig azon rugózik az agyam, hogy jelenthette ki a kardiológus, hogy semmi baja a szívemnek!?

Már elcsíptem önmagam megfigyelésével jó néhányszor ezeket a fura dobbanásokat; amit extrának érzek, az ritmusában egy erősebb dobbanás, amit megelőz egy annyira gyenge, hogy alig érezni olyankor a pulzust. Tehát a szívritmus normális, csak az erőssége változó. Az interneten is ezt találtam ezzel kapcsolatban, tényleg ez történik ilyenkor. Először egy korai ütés jelentkezik, amely túlságosan gyenge ahhoz, hogy megérezzük, majd ezt egy szokatlanul erős követi, amit viszont nagy szívdobbanásként észlel a páciens. A szakirodalom szerint ez ártalmatlan jelenség, kizárólag akkor kell orvoshoz fordulni, ha gyakran ismétlődik. Nos, én ezt tettem, de nem értem vele semmit, mert nemhogy többször, de egyszer sem produkált a vizsgálatok alatt ilyet a szívem. Ezért nem csoda, hogy a kardiológus kijelentette, hogy kutya bajom. De hát én érzem ezeket és kezdem elveszíteni a türelmem. Félek és hamarosan borul a bili. A rettegés állandóan itt munkálkodik bennem, mintha beköltözött volna a gyomromba. Étvágyam emiatt semmi. Jó lenne végre tudni, hogy van- e okom az aggodalomra.

Első lépésként elmegyek Gödöllőre a csodadoktorhoz. Ő látja az aurát, az energiákból megmondja, hol van probléma a testben. Ha azt mondja szív, akkor irány egy maszek kardiológus. De még az is lehet, hogy ő maga is tud segíteni az akupunktúrás tűivel.

Azt gondoltam, hogy az emelt Frontin és a Betaloc majd segítenek rajtam, de az ezekbe vetett hitem is elpárolgott, mert a mellékelt ábra szerint nem lett kevesebb a félreütések száma. A Frontinhoz biztosan hozzászoktam már, nem mulasztja el rendesen a szorongásaimat és a racionális gondolkodásom sem tud felülkerekedni, amikor épp hülyén ver a szívem.

De már megint csak magamat ismétlem. Nem csoda, hiszen a problémám még mindig ugyanaz.

Érdekes volt, néhol hihetetlen, de hiteles. Igaz, a szkepticizmusomat nem könnyű eloszlatni, de úgy érzem, a pasi tud, bár vannak bennem még kételyek. Nem kérdezett semmit, hogy miért mentem, milyen panaszaim vannak. Nekiállt „letapogatni", kezét vagy 10 centire végig húzogatta különböző testrészeim fölött. Mondott érdekes dolgokat, apróságokat, amivel nem igazán győzött meg, (pl. hogy jelenleg a bal arcüregemnél van valami apró bibi, meg oldalanként melyik fogam tömött) aztán közölte, hogy az emésztőrendszerem nem úgy működik, ahogyan kellene és a későbbiekben ez komoly gondokat okozhat (epe, máj, hasnyálmirigy, vastagbél környéke). Tekintettel arra, hogy semmi ilyen jellegű gondom nincs, ott kezdtem el kételkedni az egész hitelességében. Közölte, hogy van egy pici miómám is bal oldalt lenn (szerintem petefészek környékén állt a keze). Megkérdezte mióta fáj a térdem. Mondjuk ott a műtéti heg, de közölte, hogy azért sérültem meg, mert már akkor is helytelenül táplálkoztam és az a gyenge pontom energetikailag, valamint az Achilles. A gyerekkori bőrelváltozásom is amiatt volt. (Erre rákérdezett, mondtam, hogy psoriasis volt tudomásom szerint, erre csak azt mondta, hogy stimmel.) Aztán jött a hátam. Jól kihúzta a görbeségemet és azt mondta, erre fokozottan figyelnem kellene, mert komoly gondjaim lesznek belőle. Kellene a lapockazárókat erősíteni és a tartásomat sürgősen javítani. (Ezt a vak is láthatja, ehhez még orvosnak sem kell lenni, tehát ezzel sem lettem meggyőzve) Végig húzta a gerincem felett a tenyerét, közölte, hogy három lumbális csigolyám is össze van csúszva... Érdekes; két év Ceragem után... Majd megállt a sacrum fölött, rátette a kezét és megkérdezte, hogy ez mióta fáj. No ez volt az a pillanat, amikor elcsodálkoztam. A férjemnek, a gyógytornász ismerősömnek és a barátnőmnek említettem csak, hogy kb. 3-4 hete fájdogál és éjjelente nehezen fordulok meg.

Aztán felment a hátamon és a jobb tüdőcsúcs fölött megállt, majd megkérdezte, hogy mikor szoktam le a dohányzásról. 20

éve basszus! Azt mondta, hogy ez energetikailag mindig érezhető lesz, hogy bagóztam... Közölte még, hogy a jobb vesémet nem ártana megnézetni ultrahanggal, de ne ijedjek meg, nincs nagy gáz, csak úgy érzi nem úgy működik, mint a másik. (Ez szerintem a HELLP szindróma hozadéka lehet.) A szívemnél is közölte, hogy érez valamit, de semmi komoly, majd azzal zárta le az egészet, hogy hölgyem, önnek semmilyen életveszélyes kórja nincsen. Mintha tudta volna, hogy pont ettől félek. Megjegyzem úgy gondolom, akkorra már tudta... Ezután kérdezte csak meg, hogy hány éves vagyok és miért is kerestem meg. Közöltem, hogy pánikbeteg vagyok, ettől szeretnék megszabadulni, ha van rá mód. A világ legtermészetesebb módján közölte, hogy tud segíteni, de nekem is változtatni kell hozzá a táplálkozási szokásaimon. Sürgősen álljak le a tej, vaj és tejszín fogyasztással és a zöldborsót is felejtsem el. Tej csak savanyított formában és tejpor tartalmú ételeket is teljesen száműzni kell. Valamint reggelente nyers krumpli vagy káposzta, ha egyik sem megy akkor U vitamin naponta. Kerekre nyitott szemmel kérdeztem, hogy nem mondja komolyan, hogy ezzel le lehet győzni a pánikbetegséget??? Közölte, hogy de bizony, persze rásegít némi akupunktúrával. Végül 98 tű került belém test szerte 25 percre. Amikor bennem voltak a tűk, azt éreztem, hogy menten elalszom, mintha minden életerőt kiszivattyúztak volna belőlem. Viszont miután kiszedtük a tűket, úgy éreztem kicseréltek. Mintha a feltöltötték volna az elemeimet. Mintha visszakaptam volna a régi énemet. Még este 10-kor is tök vidám voltam, életerős. Hihetetlen. Most is. Azt javasolta 4-5-ször találkoznunk kéne heti gyakorisággal, utána ritkítunk havi egyre, azután el is felejthetem, ha akarom.

Még nem tudom, hogy akarom-e...

Tele van a hócipőm! Ismét...
2009. augusztus 02. vasárnap

Tegnap este már megint rémisztő volt a szívritmusom. Az éjszakákat kivéve gyakorlatilag folyamatosan szívat, nem hajlandó normálisan verni. Jönnek az extrák folyamatosan. Van, hogy ötpercenként, azután 10 percig semmi, majd egy perc alatt kettő is. Nagyon demoralizáló, sőt nekem egyértelműen pánikkeltő. Próbálom figyelni, hogy mi is zajlik ilyenkor a motorral, de semmire sem jutok vele. Akár a carotisnál próbálom kitapintani, akár a mellkasnál, nem tudok szabályszerűséget felfedezni. Van, hogy csak a dobbanások erősségében érzek változást, de van olyan is, amikor kimarad egy ütem. Szerintem soha nem fogom megtudni, hogy pontosan mi is zajlik ilyenkor a mellkasomban. És főképp azt nem, hogy miért. Nem tudok megnyugodni. Kiábrándult vagyok és az elkeseredettség váltakozik bennem a tehetetlen düh-vel. A gödöllői doki szavai – bár itt csengenek most is a fülemben, de – nem hoznak most megnyugvást, hiába állította, hogy nincs bennem semmi életveszélyes elváltozás.

Sajnos már feltételes reflexként működik bennem ez az egész: a bedobbanás pillanatában máris terjed szét bennem a rémület, ami villámgyorsan pánikba csap át, végül idővel félelemmé, szorongássá és aggodalommá szelídül. És indul a félelem a félelemtől... Aki pánikos, az tudja miről beszélek. Aki egyszer az életben átélte ezt, soha nem felejti.

2010. április 06. kedd

Jó mélyre eltettem a naplómat tavaly nyáron. Valahogy nem volt kedvem ahhoz, hogy folyton magamat ismételjem. Minden a megszokott mederben csordogált, pont úgy, mint az elmúlt 4 évben bármikor: Hosszabb-rövidebb tünetmentes időszakokat vált fel 1-1 epizód szorongásokkal és rövid pánikocskákkal.

Általában jól vagyok, szedem a Frontint 2 x 1 napi adagolással, mert a délit már vagy 4 hónapja elhagytam, egyszerűen nem volt rá már szükség. Reggelente bemegy a Betaloc is és élek. Gyakorlatilag pánikmentesen. Már ami a klasszikus pánikbetegségre jellemző, hogy minden ok nélkül jelentkezik a pánikroham és utána ott a félelem a félelemtől. No ez nincs. Pánik persze volt. Van és lesz is szerintem. De ezek a rémületek mindig köthetőek egy adott abnormális működéshez, egy furcsa tünethez, amit eltúlzok. Ezek az ijedségek és félelmek addig tartanak csak, amíg az adott probléma fennáll. Erős koncentrációval igyekszem úrrá lenni a félelmeimen. Például, ha jön egy extra beütés, aminek nyomán ugyanabban az időben már árad is szét bennem a rémület a gyomromtól az ujjam hegyéig, már akkor arra gondolok, hogy éppen milyen tevékenységet is vágott félbe a félelem és már figyelek is arra tovább. Csinálom tovább rendületlenül. Ez a fajta figyelemelterelés elég hatékonynak bizonyult az elmúlt időszakban.

És amiért ma ismét elővettem a naplómat hosszú idő után, azért van, mert ma az eddig megszokottaknál is többet bohóckodott a motor. Mindig tud kellemetlen meglepetéseket okozni a testem...

Szóval ma akkor extrázott mindig, amikor lehajoltam – főleg, ha közben beszélni is próbáltam, vagy mély levegőt vettem. Igen, volt már ilyen és akkor sem tudtam megfejteni az összefüggést, mert ahhoz nem elég a jelenlegi anatómiai tudásom akkor sem, ha a tanulmányaim miatt az átlagnál tájékozottabb vagyok a témában. Egyértelműen fizikális ingernek tűnt akkor is, most is, mégis olyan szintű ijedelmet váltott ki belőlem, ami hosszú percekig eltartott. Elég riasztó, hogy ugyanaz a tünet, még mindig pánikrohamot idéz elő ennyi idő után is. Rég nem volt ilyen szintű pánikom, Igaz, csak percekig tartott és amikor elmúlt, nem maradt utána semmi, de nagyon rossz volt átélni, hiszen azt gondoltam, hogy ezen már túl vagyok. Mert azt elfogadtam, hogy megijedek amikor valami nem jól működik a szervezetemben, még akkor is, ha túlzásnak tűnik a riadalmam egy átlagemberhez képest. Ez valahol még normális is, hiszen szerintem minden ember aggódik a saját egészségéért, mindenki fél kicsit, ha beteg. Itt a mértéken van a hangsúly. Tisztában vagyok vele, hogy én eltúlzom az aggódást, de ezzel képes vagyok együtt élni. Elfogadtam. Mindig csak az adott epizódot, az adott riadalmat kell túlélni és menni tovább.

Csak hát nem is olyan könnyű a gyakorlatban kivitelezni.

2010. április 07. szerda

6.00 h: Lazán elterveztem, leírtam, de valójában túlélni és egy pánikroham után továbblépni már sokkal nehezebb feladat. Mert ha elborít a pánik, ha a zsigereim legutolsó sejtjei is telítődnek a halálfélelemmel, a túlélés már nem is olyan vonzó. Illetve a létnek ez a formája nem vonzó. Élni jó, tele van csodával és szépséggel, csak ezek a pánikos epizódok teszik elviselhetetlenné az egészet.

És itt van megint. Újra kínoz.

Reggel korán ébredtem. ¾ 5-kor riadtam fel nem is tudtam, hogy mire. De nagyon gyorsan jött a felismerés, hogy megint a szívem ver rendellenesen. Ez valami újfajta, eddig nem tapasztalt sorminta volt, amit nem is tudok érzékletesen szavakba foglalni. Hasonlított a tegnapiakra, tehát mintha fizikálisan birizgálná valami és emiatt verdesne összevissza. Mintha nem lenne elegendő helye a mellkasomban a normális működéshez és ezért dobban 1-1 teljes ritmustalant pluszban. Iszonyat rossz érzés volt, főleg, hogy nem csak 1-2 darab volt belőle, hanem folyamatosan és több. Ami megrémített, hogy bármelyik oldalamon is feküdtem, mindig szabálytalanul verdesett. Én pedig hiába próbáltam megnyugtatni magam az eddigi megszokott módszereimmel, nem sikerült. Elborított a félelem és olyan erővel jött rám a pánik, hogy az már generálta is következő, még erősebb rémületet. Itt van újra ez a gyűlölt pánik, ami hullámokban borít el újra és újra egyre erősebben és tehetetlenül vergődök a fogságában. Minden pórusomból izzadok, elfogott a remegés is az ágyban. Ülve picit talán jobb... De sokáig úgysem jó, mert az is csak a fekvéshez képest hoz némi megnyugvást. Nyugodtan maradni képtelenség, az adrenalin száguldozik bennem és

121

állandó mozgásra késztet. Törökülésben ölelem át magam és ringatózom előre és hátra. Egyedül vagyok, mindenki békésen alszik, én pedig rettegek. A haláltól. De az nem jön, csak ijesztget. Megpróbálok lefeküdni, a szívem csak verdes összevissza és újult erővel árad szét bennem a pánik. Mi ez? Mitől van? Ez most egy újfajta szívritmus probléma, vagy a régi továbbfejlesztett verziója? Menjek orvoshoz? Ezt el is vetem szinte azonnal, hiszen mire odajutnék, már rég nem csinálja. Kétségek gyötörnek, és nem enged a pánik. Izzadt testem vacog. Ásítozok, de minden ásításkor megint összevissza ver a szívem, mintha a mély lélegzetvétel akadályozná őt a munkájában. Nem számíthatok semmilyen segítségre, ezzel nekem kell egyedül megküzdenem. De mi van, ha nem tudok? Nem akarok szívbeteg lenni! Nem akarok pánikolni! Közben kivilágosodott, felkelek. Hátha két lábon jobb lesz.

11.30: Rém rossz délelőttöm volt/van. Mint anno, a régi időkben. A szorongás nem enged, folyamatosan ott van a bensőmben. Amikor kicsit enyhülne, akkor jön egy extra és újult erővel elborít a rettegés. Nehogy már jó legyen!

Nem nagyon tudok értelmes dolgot csinálni. Ráadásul ma jött volna az ikrekhez 1-1 kis barátjuk, de lemondtam. Képtelen vagyok jópofizni, bár ettől nem érzem magam jobban. A felelősséget, hogy mások gyerekeire is vigyázzak jól leráztam, de azt is tudom, hogy ezzel bánatot okoztam az összes lurkónak. A sajátjaimnak is és azoknak is, akiket vártunk. Emiatt lelkiismeret furdalásom van, de bár ez lenne most a legnagyobb bajom. Valamicskét helyrebillent a világ egyensúlya, mert a lányomat elvitte a barátnője anyukája magukhoz és ott játszhatnak, a fiam pedig lehetőséget kapott számítógépes játékkal játszani kárpótlásul.

Én pedig túlélésre játszok. Itt tombol bennem ez a dög szorongás, ezért délben is beveszek egy adag Frontint mindenképp. Muszáj lesz, pedig már hónapok óta nem volt szükség délben gyógyszerre. Evés is nulla ma és meg sem kísérlem az ebédet, mert úgysem menne le egy falat sem a torkomon. Ismerem már magamat annyira, hogy amikor egy ekkora görcs fészkel a gyomrom helyén, akkor meg sem kísérlek magamba diktálni szilárd táplálékot.

Ebből ismét találkozó lesz a pszichiáteremmel. És nekiállok keresni egy maszek kardiológust is.

14.30: Ebédre sikerült magamba diktálni egy gyerek adagnyi levest és megkávéztam a számítógép előtt. Intéztem a levelezésem, de nem tudtam teljesen koncentrálni, mert éreztem, hogy percről percre nőtt bennem a feszültség. Ez mindig elkeserít, attól függetlenül, hogy alapból is egész nap szorongós voltam. Próbáltam terelni a figyelmem, voltam lenn a zöldségesben, főztem frankfurti levest is, pityeregtem is kicsit sajnálva magam. Most az írás is jót tesz, mintha minden szóval kevesebb feszültség maradna bennem. De a naplóm korábbi bejegyzéseinek visszaolvasása már érezhetően nem segít. Sőt, a korábbi tapasztalásaim újra élése abszolút rossz hatással van rám.

Ismét tanácstalanul meredek magam elé, mert fogalmam sincs, hogy miért tartok itt megint, mert nem történt tudomásom szerint semmi, ami indokolná ezt a nagy visszaesést. Semmilyen változás nem állt be az életemben, megy a megszokott mókuskerék, nem ért sem nagy öröm, sem bánat, sem a megszokottnál nagyobb stressz hatást nem tapasztaltam. Hacsak az nem, hogy szabadságon vagyok, amit már nagyon vártam és elvileg élveznem kellene minden percét. És élveztem is egészen tegnap hajnalig, amíg el nem kezdett vacakolni a szívem. Direkt szívat az agyam: elrontja a szabadságomat, mert nem engedi, hogy jól érezzem magam a bőrömben.

Kíváncsian várom a fejleményeket, hogy a délben bevett Frontin segít-e annyit, hogy ne kelljen S.O.S időpontot kérni a pszichiáteremtől. Hátha meg tudom oldani ezt a hullámvölgyet nélküle is. Holnap ilyenkorra kiderül.

19.10: Megint túl vagyok egy újabb pánikon. Szerencsére nem volt túl hosszú, viszont nagyon erős. Ismét a szívem extrárázgatott és természetesen jött vele reflexszerűen a rettegés is. Ezek a pánikrohamok teljesen kimerítenek, hulla fáradt lettem...

Egy valami beugrott most: ma 4 hete, hogy utoljára menstruáltam, tehát meg kell jönnie. Biztos, hogy emiatt is érzékenyebb vagyok az átlagosnál. Biztos, hogy ez is hozzájárul ahhoz, hogy ilyen szenzitíven reagálok a tünetekre és erőteljesebben törnek rám a szorongások és félelmek.

Tegnap este ismét pocsék volt.
2010. április 08. csütörtök

Tele voltam feszültséggel, szorongással, félelmekkel. A szívem ugyan most nem rakoncátlankodott, de folyamatosan aggódtam, hogy mi lesz majd este, éjjel és hajnalban. Tudok-e vajon majd aludni, felriadok-e hajnalban? Annyira féltem, hogy le sem mertem feküdni, ugyanis előző hajnalban egyik oldalamon sem tudtam feküdni, mert állandóan összevissza verdesett a szívem. Végül már annyira fáradt voltam, hogy amikor negyed 12 magasságában lefeküdtem, gond nélkül elaludtam az oldalamon fekve. Egészen ¾ 5-ig aludtam is zavartalanul, amikor is felriadtam és szinte azonnal végighullámzott rajtam a jól ismert és gyűlölt szorongás. Bárhogy is igyekeztem, visszaalvásról szó sem lehetett. De mivel most csak az erős szorongás volt jelen és halálfélelem nem, mert a szívem szépen dolgozott, ezért relaxációval sikerült magam lenyugtatni és félig ülő helyzetben szunyókáltam is 10-20 perceket. Egészen ¼ 7-ig ágyban tudtam maradni „nyugalomban". A délelőttöm is egész tűrhetően telt attól függetlenül, hogy a görcs a gyomromban mindvégig ott volt. Nem volt vészes egészen addig, amíg 11 óra körül el nem kezdett ismét rakoncátlankodni a szívem. A bedobbanásokkal riogatott újra kb. másfél órán keresztül; nagyon sokszor extrázott és a jól ismert nagy ütések mellé jöttek alattomosan az újabb fajták is. Nem tudom leírni milyen pocsék érzés, nem nagyon találok rá megfelelő jelzőt, hogy mit érzek, amikor be-beüt, vagy mellé üt egy teljesen rossz ritmusban. Egyértelműen kísérte a pánik, amit egyre nehezebben viselek, legyűrni pedig teljesen esélytelen. Ennek megfelelően állandósult is a szorongásom.

Még mindig nem vagyok jól. Nem is tudom mi ez... Itt a szokásos görcs a gyomromban, de valamiféle fáradt beletörődést is érzek. Tehetetlen vagyok. Ez a szorongás teljesen önálló életet él bennem, nem tudok rá hatással lenni. Frontinnal el tudom nyomni, de úgy érzem, hogy soha nem fogok tőle megszabadulni. Elkeserít a felismerés, hogy a pánikbetegnek nincs esélye meggyógyulni. Jöhet a maszek kardiológus és egy ismételt találkozó a pszichiáteremmel...

2010. április 09. péntek

06.20: A ma reggelem jobb, mint tegnap volt: nem volt olyan erős a szorongásom és nem is ébredtem annyira hamar. Már majdnem fél 6 volt, amikor kipattant a szemem. Nem pánikoltam, csak szimplán szorongtam. Ez is valami, ennek is örülök. Nem ugrottam ki az ágyból sem, próbáltam pihenni, zenét hallgattam. Tudtam lazulni kb. ¾ órát. Persze meg kellett erőszakolni magam kicsit, de nem éreztem erős késztetést, hogy felkeljek. Néha beleszundítottam a zenehallgatásba, rövid szendergésekkel sikerült kitolni a felkelés idejét.

De ez a szorongás a zsigereimben nem jó érzés. Határozottan kellemetlen, mert itt van mindentől függetlenül állandóan. A Frontin elnyomja, csak nem eléggé. Valószínűleg kevés ez a 3 x 0,5 mg, hiszen három napja kínlódok és nem lett jobb. Megint „Deja vu" érzésem van. Volt már ilyen, nem is egyszer. Megint hullámvölgy és kezdődik elölről az egész. Nagyon frusztráló érzés.

15.15: Tegnap voltam ám kardiológusnál és végre érzékelt általam problémának érzett félre ütéseket. Hurrá! Ennek örülök, de a következtetéseknek már nem annyira.

Sajnos a pánikbetegség + szorongásos depresszió egy ördögi körben van a szívproblémáimmal és egymást generálják. Nehéz ügy, de legalább nem nézett hülyének a doki, tudomásul vette a pánikomat is. A kardiológusnál előjöttek azok az extrák, félreütések, amiről eddig csak szóban tudtam szakrendeléseken beszámolni és mindig el lettek bagatellizálva. Az ultrahang alatt végig félreütögetett. Pocsék volt ugyan, de legalább végre észlelte ezt egy kardiológus is és közben rájöttem arra is (mivel nem tudtam közben elmozdulni az adott testhelyzetből), hogy pár perc alatt elmúlik magától is. Azt ugyan nem sikerült kideríteni, hogy kamrai vagy pitvari extrákról van-e szó, mert azt csak EKG-val lehet beazonosítani (és az EKG alatt nem volt még véletlenül sem egy sem! Bezzeg előtte és utána is ám!), de most már tuti, hogy nem képzelődőm és a doktornő azt mondta erre, hogy mivel az én egyéni érzékenységem erre – mondhatni – átlag feletti, ezért élem meg őket úgy ahogy, vagyis félelmetesnek. De ezek az extrák, vagy félreütések nem tartoznak az életveszélyes aritmiák közé. Megélni őket rossz, de igazából nem veszélyesek. Ami őt inkább aggasztja, az, hogy már kétszer is mértek az elmúlt évek alatt 220 feletti pulzust és arra csak a kevés Betaloc Zokot szedem. Viszont mindkét oldali billentyűnél van eltérés, amire oda kell majd figyelni: két-három évente egy ultrahanggal ezt követni kell. Le akarja cserélni a béta blokkolómat, de ez ellen nagyon berzenkedem, mert az új gyógyszerek ellen mereven tiltakozom. Ha beveszem, az tuti pánikroham, annyira félek az allergiás reakciótól. Viszont a Holternek (24 órás monitorozás) csak akkor van értelme, ha már az új gyógyszerrel teszi föl. Erre meg előjegyzett kedd délutánra... Így most nagy a dilemmám. Jó lenne, ha ez a gyógyszer segítene az extrák kialakulásának megelőzésében, de rettegek tőle. A gondolatra, hogy be kellene vennem reggel, elfog a páni félelem. Mert ugye zizi vagyok. Ez tényleg pszichiátriai eset. Az a baj, hogy ezt még senki nem tudta gyógyítani. Ez a pánik belém van mélyen kódolva, az elmúlt 2 évtized alatt belém vésődött és reflexként működik. Rengeteg szakirodalmat elolvastam, gondoltam hátha ad valamelyik valamiféle kapaszkodót, de úgy tűnik, hogy eddig egyik módszer sem vált be a gyógyuláshoz. Mert mind csak elméletben működik.

Ma telefonon beszéltem a pszichiáteremmel.

Egyelőre leszedálom magam, az orvosom megduplázta a nyugtató adagomat. Eddig fenntartó adagnak szedtem reggel és este 0,5 mg-ot a Frontinból (az utolsó 3 nap kiegészítettem egy-egy adaggal délben is), most lett belőle napi 4. Muszáj volt, mert már harmadik napja sem enni nem tudtam, sem aludni. Sőt, még a házimunka elvégzése is akadályokba ütközik ilyenkor.

Ha 4-5 körül beveszem a délutánit, az teljesen ki fog ütni, tuti. Már az is haladás lenne, ha bamba beletörődéssel tudnám fogadni az extrákat...

2010. április 10. szombat

6.30: Tegnap még kétszer elkezdett félreütögetni a szívem, de mindkétszer átvészeltem komolyabb pánik nélkül. Első alkalommal bevettem a déli adag Frontint és elindultam az ikrekkel bicajozni, második alkalommal pedig lefektettem őket és leültem TV-t nézni. Igyekeztem a lehető legkevesebbet foglalkozni vele. Bejött.

Ma reggel 5.40-kor ébredtem, csodálkoztam is rendesen, hogy nem hajnalok hajnalán vert fel a pánik és sikerült kivételesen ilyen hosszút aludni. Örömöm azonban nem tartott túl sokáig, mert hamar elborított a szorongás, amint eszembe jutott, hogy az új gyógyszert a szívemre be kellene venni. Már a gondolattól is elborított a pánik. Szörnyű! Ha halogatom, annál tovább fog tartani a félelem. Ha ma nem veszem be, akkor holnap reggel kezdődik elölről. Ha beveszem, akkor kivégzem ezt a félelmet hosszú távon is, mert ha elkezdem szedni, akkor nem lesz mitől félnem. Max. pánikolok félórát és utána megnyugszom, hogy nem kaptam anafilaxiás sokkot. Ezt másképp nem lehet megoldani. Ennél jobban akkor sem félhetek, ha beveszem.

6.45: Nem megy. Nem tudom megtenni. Elővettem, nézegettem a gyógyszert, szuggeráltam magam, de képtelen vagyok bevenni. Nem is igazából arra való, amire nekem kellene, mert max. a magas pulzus visszafogása az, ami a javallatok között szerepel. A Betaloc is jó arra... Minek másfajta? Tudom, kifogás. De nem tudom lenyelni. Szinte fizikai gátat érzek. Nem megy...
Frontin be és talán holnap újra nekiállok.

2010. április 11. vasárnap

Ma sem vettem be. Nem tudtam meggyőzni magam. Tegnap viszont egész nap jól voltam, köszönhetően a 4 x 1 Frontinnak. Még enni is tudtam rendesen, a barátnőmnél is jártam. Az általános szorongásokat jól kezeli ez a gyógyszer, csak az aktuális tünetre megjelenő azonnali rémülettel nem tud mit kezdeni. Én sem tudok másképp reagálni, mert amikor félreüt a szívem, akkor reflexként indul a pánik. Nem tudok nem megrémülni, amikor összevissza érzem verni a szívem. A szorongás ilyenkor szorosan becsomagol, és nem enged. Nem érzem jól magam a bőmben és ismét csúszik kifelé a lábam alól a talaj.

A jegyzeteim itt fogytak el; Akkor úgy éreztem, hogy már nem épít, ha írok tovább a félelmeimről, hanem inkább frusztrál, hogy viszontlátom írásban, hogy ciklikusan úja és újra hullámvölgybe kerülök és nem találom a kiutat, mert időről időre visszacsúszok a gödör aljára.

II. fejezet

Sok veszteség ért...

2011-ben az édesanyám meghalt és a temetése napján vettem be az utolsó szem Frontint. Lecseréltem pálinkára... Vagy szorongáscsökkentők, nyugtatók és antidepresszánsok, vagy egy kis alkohol. 25 év alkoholmentesség után az utóbbi „megoldást" választottam.

2017-ben külön költöztünk a férjemmel – ez az én döntésem volt; nem voltam hajlandó benne maradni egy olyan kapcsolatban, ami nem tett boldoggá és nem engedte, hogy önmagam legyek. Hosszú évek vívódásának eredménye lett a felszabadító döntés. Ezáltal olyan módon léptem ki a komfortzónámból, ami korábban lehetetlennek tűnt számomra. Bár ez is egyfajta veszteség, hiszen 27 év házasságot dobtunk ki az ablakon, kijelenthetem, hogy hosszú távon mégis építő volt mindkettőnknek.

2018-ban elvesztettem mindkét testvéremet: az év elején a nővérem szenderült örök álomra egy nagyon gyors lefolyású és agresszív betegség végén, az év végén pedig a bátyám is követte őt. Nem volt kérdés, hogy ennyi fájdalom, ennyi hiányos gyászmunka után hamarosan fel fog bukkanni az ősi ellenség. A kérdés csak az volt, hogy mikor és milyen formában érkezik. Végül a bátyám temetése után telepedett rám a szorongás...

2019. január 18. péntek

Hullámzó az állapotom; hol teljesen jól vagyok, hol elborítanak a szorongások. Mindig van valami, ami miatt aggodalmaskodhatok: kóros rekedtség, zaftos köhögés, krákogás, vagy éppen nem megfelelő időben érkező székelési inger. Bármi képes belevinni a szorongásba és már megint előre félek dolgoktól. Tele vagyok „mi lesz, ha..." kezdetű kérdésekkel és előre aggódok. Ilyenkor bekapok 0,25 mg Frontint és nagyjából helyrebillent. Alkalmanként veszek csak be, ha szükségét érzem, vagy megelőzésképp bizonyos helyzetekben, mert nem akarok pánikolni. Lehet, hogy jobb lenne szakemberhez fordulni és inkább szedni rendszeresen, de nem tudom eldönteni. A párom szerint nem jók ezek a gyógyszerek, többet ártanak, mint használnak. De nem tudhatja, hogy milyen az, amikor elborít a szorongás és kiesik a kezemből a gyeplő és nem irányíthatom a gondolataimat és az érzéseket, ami által gyakorlatilag elvesztem a teljes kontrollt.

Igyekszem erős lenni, de nem tudom mennyire sikerül. Talán, ha visszamegyek dolgozni és visszazökkenek a megszokott mederbe, az segít rajtam.

Ez bizony egyre rosszabb!
2019. január 19. szombat

Egész nap bennem volt a szorongás, még sírdogáltam is. Szánalmasnak érzem magam, el vagyok keseredve. Bármi szokatlan dolog, ami a testemben történik, képes kiváltani belőlem a szorongást. Most pl. az állandóan jelen lévő székelési inger kerget az őrületbe. Ha leírom, vagy kimondom, akkor teljesen nevetségesnek hangzik. De itt van és rettenetesen zavar. Ha elmegyek WC-re, akkor persze semmi... De ha olyan helyen vagyok, ahol nincs lehetőségem sem elmenni, már izzadok, ott a görcs a gyomromban és a félelem a zsigereimben.

Ennek is története van, hiszen mindig is voltak ilyen félelmeim és időszakosan elő-elő bukkant problémaként egész életemben. Amikor utazni készültem pl., akkor mindig felbukkant. Húszas éveimben egyszer pl. fel sem szálltam a buszra, hanem hazamentem elvégezni a dolgomat és később utaztam el vonattal. Az is kellemetlen volt mindig számomra, hogy kivárjam a soromat, amíg más használta a mellékhelyiséget. Ezt megoldottuk úgy, hogy bárhol is laktam, mindig volt két WC is.

Azután jött egy hosszabb buszos kirándulás, amikor kollégákkal utaztunk Lengyelországba és akkor is miattam kellett megállnia a busznak egy mezőn, ami előtt egy busznyi ember szurkolt, hogy meddig tudom húzni. Ez annyira megalázó élmény volt, hogy azóta sem vagyok hajlandó busszal utazni sehová. Saját autó vagy vonat bármikor és bárhová szóba jöhetett. Eddig. Év elején viszont saját autóval utazva jött rám a WC-re mehetnék, még szerencse, hogy útba esett az egyik lányom lakóhelye és hozzá be tudtam kéredzkedni. És ezen a ponton csúszott félre a dolog, mert már minden helyzetben féltem a szituációtól és annyira, hogy ha az inger megjelent, engem már vert is le a víz.

Csak Frontinnal voltam képes elmenni edzést tartani, az orvosi rendelő, fodrász és körmös, valamint a bevásárlás is veszélyes programnak kezdtek számítani. Éreztem, hogy egyre jobban bezárom magam, mert már alig mertem bárhová elindulni. Az inger mindig itt van, lassan nem is tudom eldönteni, hogy mikor valós és mikor játszik velem az agyam.

Miért működök így? Miért jönnek elő mindenféle tünetek? Ha az egyik a múlté, akkor jön egy következő, ami azért bénító, mert a lehetőségek tárháza gyakorlatilag végtelen.

2019. január 21. hétfő

16.30: Elmentem ma dolgozni, de sajnos ott sem volt sokkal jobb, mint a hétvégén itthon. Reggel már szorongással indult a napom és be is ugrott 0,25 mg Frontin. A munkahelyen csináltam a dolgom, majd egy-két rosszabb epizódot követően kora délután, egy órakor is bevettem egy adagot.

Már itthon vagyok és teljesen elborít a szorongás. Folyamatosan azt érzem, hogy WC-re kell menni, de ha elmegyek, akkor semmi. Eddig azért szorongtam, hogy nem jutok el időben WC-re, most meg azon pörgök, hogy azért van folyamatosan székelési ingerem, mert ez valami komoly betegség jele. Ennyire gáz az agyam? Most komolyan! Van még rajtam kívül más is, aki ennyire elcseszett, mint én?

Erről mégis kivel tudnék beszélgetni anélkül, hogy ne tűnnék nevetségesnek és szánalmasnak?

És egyáltalán: Az agyam generálja a testi tüneteket, vagy a testi tünetek miatt szorongok?

Azt hiszem, hogy itt az ideje felkeresnem egy szakembert, mert úgy érzem, hogy ennek legyőzéséhez egyedül kevés vagyok.

Benn van a következő Frontin... Azt hiszem, ráállok a napi ötszöri Frontinra és keresek egy fogadóképes pszichiátert.

2019. január 23. szerda

Minden nap több Frontint veszek be; Tegnap már 4 x 025 mg ment be, mára már ötszöri adagot terveztem. Gyakorlatilag folyamatosan itt ez a gyűlölt érzés a gyomromban. Nem akarom!!!

Szép lassan ismét a saját agyam fogságába kerültem.
2019. május 16. csütörtök

Azt gondoltam, hogy ez már a múlté. Mindig ezt hiszem, amikor egy-egy szorongásos időszakot lezárok és éveken keresztül tünetmentesen tudok élni. Sokáig nincs baj, teljesen átlagosnak érzem magam, majd egyszer csak a semmiből újra támad a szorongás és a pánik, majd szép lassan visszacsúszok a gödörbe, hogy ismét rendszeres Frontin fogyasztóvá váljak. Ilyenkor a kilátástalanság érzése teljesen letaglóz. Rettenetesen gyűlölöm, hogy ilyen vagyok!

És ami végképp elkeserít ebben a helyzetben, hogy már senki sincs mellettem, akik ismertek pánikosként is régen. Sem anyu, sem a tesóim... Senki sincs, akivel ezt meg tudnám beszélni és ettől mérhetetlenül magányosnak érzem magam. A korábbi pszichiáterem is külföldön dolgozik már, vele sem tudok konzultálni.

Egyedül kell ezzel megküzdenem...

Eltelt két év ismét pánik nélkül.
2021. április 02. péntek

Viszont kb. egy hete megint nem érzem jól magam a bőrömben. Ugyanaz van, mint 2 éve. Most ugyan más a vezető tünet (légszomj érzése, ami tutira nem valódi, mert kapok rendesen levegőt), de szokás szerint az őrületbe kerget. Vajon ismét a tudatalatti én szórakozik velem, vagy figyelmeztető tünet? Jómagam az előbbire tippelek, ezért alkalmanként beugrik 0,25 mg Frontin egyszer-kétszer naponta. Szerencsére nem válik tartóssá a szorongás, hamarabb túl vagyok az aggódásokon és nincs itt a „félelem a félelemtől" érzés sem. De az adott pár percben még mindig eléggé lehengerlő tud lenni. Ilyenkor elfog kicsit a kétségbeesés, majd dühös leszek, hogy mindig megtalál ez a szorongással párosuló halálfélelem, ha úgy van kedve.

Ki kell találnom valamit, hogy megszabadulhassak tőle, még akkor is, ha a mostani állapot szerencsére már csak nyomokban hasonlít a réges-régi szorongásos időszakaimra.

III. fejezet

Másfél éve elindultam egy jó úton, ahol megfejthetem az okokat és elengedhetem, vagy épp elfogadhatom ezt a betegséget, amit mostanában csak mentális defektnek hívok.

Volt egy egyéni családállításom, amit egy volt kolléganőm csinált nekem, mint frissen végzett terapeuta. Ő gyakorolhatott, én pedig kipróbálhattam mi is ez valójában. Kicsit szkeptikusként vágtam bele. Én, aki az összes lábammal a földön állok és a reális és kézzel fogható dolgokra esküszöm, abszolút nem hittem benne, hogy ez valóban működik és kiderül majd valami lényeges. Kizártnak tartottam, hogy ki tud nyerni bármilyen információt majd belőlem és nem is éreztem semmit hosszú ideig a családállítás során. Egyszerű hókuszpókusznak véltem, mert bármit is mondjon a családállító, mivel fogja bizonyítani? De egy próbát megért. Sokat olvastam már arról, hogy a pánikbetegségből ki lehet jönni családállítással.

Kiderült, hogy ún. féliker vagyok... 12 évvel a napló írását követően ezen a családállításon derült arra fény, hogy sokkal komolyabb trauma ért annál az anyaméhben, mint hogy nem kívánt terhességből születtem és ráadásul nem fiúként.

Elvileg az alapvető panaszaim egyértelműen innen eredeztethetőek. Helyben történt egy oldás is, oldó mondatokat kellet a terapeuta után elismételni, ami nem ment könnyen. Az első mondatot képtelen voltam kimondani, nem éreztem sajátomnak. A következő viszont szíven ütött és olyan megállíthatatlan zokogás tört elő belőlem, amit nem is tudok megmagyarázni. Olyan mélységekből törtek elő érzelmek és annyira elragadtak, hogy percekig csak sírtam. A felismerés, hogy van egy meg nem született ikertestvérem, akivel egy ideig együtt voltunk az anyaméhben, nagyon megrázó volt. Mire valamelyest megnyugodtam, akkor pedig a terapeuta kért egy perc szünetet, mert olyan dolgokat tapasztalt a mezőben, amik őt is megrendítették.

Kb. fél év múlva volt egy másik állításom is, ahol a méltatlanság helyzetére próbáltunk megoldást találni, mert nagyon zavart, hogy időről időre belekeveredek olyan helyzetekbe, ahol addig jó barátnak hitt emberek hirtelen elfordulnak tőlem anélkül, hogy tettem volna bármit is. Ezen az állításon kiderült, hogy egyik dédapám sorsát vettem át, emiatt kerültem többször is olyan helyzetbe, hogy fontosnak hitt emberek tűntek el mellőlem. Ezt is oldottuk. Ez a családállítás már korántsem volt annyira megdöbbentő, mint az első volt, nem is éreztem semmi különöset. Mivel nem varázslat, idő kell, amíg érződik a hatása.

Közben fenekestől felforgattam az életem; hivatalosan is elváltam, lett egy új párom és munkahelyet is váltottam. Később a lakáseladás – házvásárlás projektet is megvalósítottam, így elmondhatom, hogy alapjaiban változtattam meg az életem. Olyan mértékben kiléptem a komfortzónámból, ami korábban teljesen elképzelhetetlen volt számomra, de ettől egyre jobban érzem magam a bőrömben. Érzem, hogy újra élek, a helyemen vagyok. Lett végre énidőm is, amit már ezer éve javasolt a pszichiáterem. Sportolok újra rendszeresen és írok.

Amikor rám talált az igaz szerelem és amikor átadtam magam ennek a felszabadító és csodálatos érzésnek, el tudtam hinni végre, hogy értékes és szerethető vagyok.

A jelenlegi munkámat minden nehézsége dacára szeretem, mert első perctől azt érzem, hogy az enyém.

Korábbi frusztráltságom eltűnt.

Azért a régi dilijeimből sokáig mellettem maradtak páran: nem ettem meg semmi olyat, amit még nem kóstoltam korábban. Ez vonatkozott élelmiszerre, táplálék kiegészítőkre és gyógyszerre egyaránt. Ez is a szorongó, pánikbeteg puttonyom része, de már csak egy részét cipelem magammal. Ugyanis ezzel a problémával mentem életem harmadik családállítására, amit egy facebook megosztással nyertem. És nem spoilerezek, ha elárulom, hogy

135

szerencsére ez is változott jó irányban, mert képes vagyok már megenni sok mindent azóta: gyógyhatású készítményeket szedek, és képes voltam elfogadni pánik nélkül kórházi ápolásom során új gyógyszereket is és kajákkal sem kerültem az utóbbi időben összetűzésébe.

A családállítás előtt elolvastam Orvos-Tóth Noémi: Örökölt sors c. könyvét, ami sok ismerettel gazdagított a módszerrel kapcsolatban és önmagamat is sokkal jobban megismerhettem általa. Fantasztikus olvasmány, mindenkinek ajánlom azóta is, ha szóba kerül a téma.

Ezen a harmadik családállításon azt találta a terapeuta, hogy az apai nagyapám sorsát vettem át, aki áldozat/gyilkos szerepbe kényszerült a háborúban. Nem nagyon volt más választása, hiszen, ha nem ölsz, akkor téged ölnek meg. Végül ő maga is odaveszett. Az állítás tapasztalatai szerint az ő nehéz sorsán akartam tudattalanul segíteni. Az oldás itt is megtörtént, meghajoltam a nagypapa sorsa előtt, elismertem a nehézségeit és letettem a sorsának cipelését, élhetem jóváhagyásával a saját sorsomat boldogan. Idővel természetesen, hiszen az oldás hatása nem érződik azonnal, azt fel kell dolgozni.

Azt gondoltam, hogy végeztünk, de a terapeuta nem lépett ki a morfológiai mezőből. Megtalálta az ikremet, úgy tűnik, hogy nem sikerült az első családállítás során mindent rendezni ezzel kapcsolatban. Azt mondta, hogy ezzel kicsit dolgozni kell még. A családállítás vezetője maga állt be az ikrem helyére, hozzá simult a hátamhoz háttal nekem és utána elhangzott, hogy Ő jól van és azt szeretné, ha én is jól lennék. Az is kiderült, hogy fiú... Összeállt a kép. Anyukám őt várta, nem engem... Volt egy ikertestvérem, egy fiú, akivel együtt indultunk az úton, de ő nem születhetett meg: ez még mindig letaglóz. És szinte mindent megmagyaráz, mert az ő elvesztése a méhen belül volt az első halálélmény az életemben. Ez pedig meghatározta az életemet.

Elmondtuk az oldásra szolgáló mondatokat, kaptam két könyvajánlót és eljöttem.

Most már hiszem és tudom, hogy tényleg van egy meg nem született ikertestvérem, tehát nem két, hanem három testvéremet vesztettem el. Egymástól függetlenül két szakember is megtalálta, pedig a másodiknak direkt nem beszéltem róla.

Azt gondoltam, hogy ezen állítást követően majd egy csapásra megszűnnek a problémáim, de nem így lett. Kiderült, hogy ez egy hosszú folyamat és nem tudom megspórolni az utat, amit végig kell járnom. Sokat kell még dolgozni magamon. Kellett egy mackó, ami megszemélyesíti a testvért, ő a helyettesítő szimbólum. Rengeteg játékot nézegettem, de nagyon sokára találtam meg a „testvéremet" egy kék színű, bájos, puha plüss kölyökmackó személyében, akinek egyik talpán „baby", másik talpán „Boy" felirat olvasható. Azonnal tudtam, hogy ő az, aki az ikertestvérem helyett velem lesz ezután.

Sok szakirodalmat kezdtem végig böngészni, hogy közben jöjjenek a felismerések mi miért történt velem. Lassan haladok, mert minden felismerés döbbenettel jár, amikor rájövök, hogy mit is okozott nekem életem első – méhen belüli – traumája, amikor elvesztettem az ikertestvéremet.

Angster Mária Ikertörténetek című könyvében ezt remekül megfogalmazta: „AKINEK IKERTESTVÉRE VAN, AZ IKER A LEGELSŐ ÉS LEGSZOROSABB KAPCSOLATA. AZ EMBER, HA ELVESZÍTI AZT A MÁSIKAT, AKINÉL KÖZELEBB SENKI NEM KERÜLHET HOZZÁ, AZ AZ EGÉSZ ÉLETÉT MEGHATÁROZHATJA"

Saját bőrömön tapasztaltam ezt meg keményen, hiszen mindvégig ott volt velem a trauma okozta szorongás, aggódás és halálfélelem. Ezek a tudattalanul kialakult bűntudat miatt létrejövő kompenzáció megtestesüléseként keletkeztek bennem és azoknak a kérdéseknek a kivetülései, hogy „Vajon én öltem meg?", vagy „Miattam halt meg? Azért halt meg, hogy én élhessek?" „Miért nem ő él helyettem?"

Ezekből pedig egyenesen következik az önszabotázs, amikor megígérem, hogy ha ő meghalt, akkor én sem élhetek boldogan. Büntetni magát az embernek, amiért életben maradt a másik helyett, nem túl logikus, de hangsúlyozni kívánom, hogy ezek egyike sem tudatos reakció. Az önsorsrontásra jó példa az alkoholfüggőség, vagy az egészségtelen életmód. Talán így hamarabb véget ér a földi lét és újra együtt lehet az ember azzal, aki valaha is a legközelebb állt hozzá.

Miután ott voltam vele, amikor meghalt és tehetetlenül átéltem, a halál kiemelt téma maradt egész életemben. Pszichoszomatikus betegségek közé sorolt problémával jelentkezett, amikor olyan riasztó tünetekkel kellet megküzdenem, amelyeknek nincs meg a kiváltó oka és emiatt újra és újra át kellett élnem azt, amit akkor az anyaméhben éreztem, amikor az ikertestvérem úgy döntött, hogy ő nem akar megszületni. Az a zsigeri félelem és tehetetlenség ismétlődött újra és újra...

Emiatt van az is, hogy a veszteségektől való félelem nagyon erős. Nehezen élek meg minden olyan helyzetet, ami azt a feldolgozatlan traumát hozza vissza. Pl. az elválás problémája. Az első ilyen emlékem az, amikor a nővérem elutazott félévre az NDK-ba: Ugyanazt a zsigeri félelmet és ürességet éreztem akkor is, azt a kétségbeesést, amit egy-egy pánikroham alkalmával a későbbiekben.

Az is az ikervesztéssel magyarázható, hogy kontrollmániás vagyok. (Ez a jelző az exférjemtől származik és – bár akkor nem esett jól, amikor a fejemhez vágta –, de be kell vallani, hogy a lényegre tapintott vele.) Szinte minden ikervesztett ember megpróbál mindent kontroll alatt tartani, ami nyilvánvalóan lehetetlen és amikor kicsúszik az irányítás a kezeink közül, akkor kezdődik a kétségbeesett szorongás.

Sok egyéb ikervesztéses tünet mellett magamra ismertem abban is, hogy híresen rossz evő gyermek voltam, majd felnőttként nagyon elkezdtem figyelni az összetevőkre, ami odáig fajult, hogy ismeretlen ételt már nem is ettem meg.

A nehéz viszony az anyával már nem is vár magyarázatra, szinte egyértelműen következik a terhesség alatt történtekből, illetve abból, hogy nem engem vártak, hanem egy kisfiút. Emiatt gyötört kisgyermekként az érzés, hogy nem is oda tartozom, hogy nem szeretnek.

Az ún. „sikerkerülés" is teljesen jellemző volt rám, ahogy visszanézek az életem egyes eseményeire. Ezen azt a tudattalan érzést értjük, amikor nem engedjük meg magunknak a jó életet, nem valósítjuk meg a vágyainkat, nem élünk a lehetőségeinkkel, csak azért, mert az ikertestvérünk nem élhet. Ezek mind a tudattalanból származnak, egyik sem tudatos választás és ezért nem is értjük őket mindaddig, amíg fény derül azok kiváltó okára. Akkor viszont minden egyértelművé válik...

Emellett a veszteségeket is sokkal nehezebben éljük meg az átlagnál, rengeteg problémát okozva ezzel is magunknak és a halállal való viszonyunk is sokkal mélyebb, speciálisabb.

De megértettem, hogy rajtam kívül nagyon sok emberrel előfordult, hogy ketten, hárman indultak az élet nevű játékban, de az egyik egy idő után nem tudott tovább fejlődni és eltűnt. Erről sem ő nem tehet, sem én. A családállításon az ikertestvér képviselője kimondta, hogy ő jól van, és szeretné, ha én is jól érezném magam. Elkísért egy darabig és örül, hogy én végül megérkeztem erre a világra. Tehát felhatalmazásom van tőle arra, hogy végre boldogan éljem az életemet és leszámoljak a félelmeimmel. Nincs rá okom, hogy aggódjak. Ezt a gondolatot kell teljesen magamévá tenni.

Azt is olvastam, hogy a magára maradt iker sokszor dühös az anyjára. Én is dühös voltam. Emlékszem, hogy már kislányként is, amit nem tudtam megmagyarázni. Ez is most nyert értelmet számomra, hiszen amikor az ikrek közül az egyik magzati korban befejezi földi létét, akkor az anyaméh a túlélő iker számára is veszélyes közeggé válik. És emiatt beivódik a tudatalattiba a szemrehányás az anya felé.

És bizony itt alakult ki az a bizonyos kontroll mániám is. Mert ott és akkor nem volt lehetőségem az események fölött átvenni az irányítást, nem tudtam semmit tenni az ikertestvéremért, csak tehetetlenül végig éltem, hogy ő az enyészeté lesz, aki a legközelebb áll hozzám. A tudattalan meggyőződés, hogy ha a kezemben tartom az irányítást, akkor minden rendben van, végig kísérte az életem. És minden alkalommal, amikor nem irányíthattam az eseményeket, kicsúszott a lábam alól a talaj újra és újra... és beszippantott a félelemspirál a gödör aljára. Ilyen az elválás is. Az is egyfajta veszteség, irányíthatatlan esemény és ugyanazt a reakciót váltja ki, mint anno a méhen belüli trauma elszenvedése okozott. Az élet első nagy vesztesége okozta halálfélelem, a végtelenben való feloldódástól való rettegés évtizedeken át képes tartani az állásait ebben a harcban. És mivel az élmény mindaddig felfoghatatlan, amíg a tudatalattiban lakik, azt feldolgozni sem lehet. Így mindig visszatér és egyre erősebben követeli a külső segítséget. Jönnek a szorongások, a halálfélelem hullámok és senki nem érti a miérteket. Jómagam is megszámlálhatatlanul feltettem a kérdést: Miért? És ebben a fajta pánikban nem segítenek a bevált terápiás módszerek, csak átmenetileg. Sokszor tapasztaltam meg ezt a lehangoló visszaesést, míg fény derült a családállítások során a valódi okokra. A trauma felszínre kerülése általi feldolgozás az igazi megoldás. Természetesen ez sem egyik napról a másikra történik, hiszen tudni valamit nem azonos azzal, mint mélyen átélni.

De idővel az ember el tudja fogadni a tényt, hogy „féliker" és a szorongásokkal, halálfélelmekkel terhelt időszakok ritkulnak, a tünetek enyhülnek. Ha el tudjuk fogadni azt, hogy életünket mennyire befolyásolta ez a méhen belüli trauma, akkor a tünet már nem akarja fenntartani magát, okafogyottá válik és eloldalog. Emellett – ha tovább foglalkozunk a problémával – sok összefüggésre is ráébredünk az olvasott szakirodalmak segítségével és végül a kirakós összes darabja a helyére kerül. Például, hogy a halálvágy ott lapul a túlélő ikerben – bár nem a tudatos szinten – és ennek okán több, majdnem végzetes balesetet is túlélhet szerencsésen, vagy olyan betegségekből gyógyulhat fel, amiket csak szerencsével lehet túlélni. És igen, ha végig gondolom az életem, akkor ez is nagyon jellemző volt rám: autó ütött el, áramütés ért, vízbe is fulladtam majdnem gyerekkoromban.

Később a sorozatos sportsérülések, majd a HELLP szindróma, ahol az anyai halálozás igen magas is lehet, akár a 20%-ot is elérheti.

Már maga a felismerés is gyógyító, de a családállítás során/ után elvégzett ikermunka a siker igazi kulcsa, mert az élet különböző területein átélt sikertelenségek, nehézségek felfűződnek egy szálra és minden hirtelen értelmet nyer. Ilyen volt nálam pl. a gyerekkori bőrbetegségem, ami megkeserítette az életem. Erre a vezetőszálra kerültek az indokolatlanul rám törő nyomasztó érzéseim, amik sokszor napokra, hetekre velem maradtak és végül szorongásban, pánikrohamokban csúcsosodtak ki. És beillettek a sorba a visszatérő rémálmaim is.

Az ikerállítással csak elkezdődik az ikermunka. Hiszen az első veszteséget meg kell gyászolni, hogy végül a gyászfázisok végig járásával eljussunk a megkönnyebbülésig.

Nem értem még a végére, de sokkal jobb az életem. Azt is megértettem, hogy a traumák és ezzel együtt a pánikos hullámvölgyek miért pont akkor és olyan hevességgel jelentkeztek az életemben, amikor megéltem őket. A tudattalan szolidaritás az oka az első nagy pánikos korszakomnak 21 éves koromban, ami nem engedte befejezni a tanulmányaimat. Egy komoly sportsérülés törte derékba, mind a felsőfokú tanulmányaimat, mind pedig a sportkarrieremet. A felnőtt, önálló élet küszöbén való megtorpanás a félikrek egyik jellemzője: A küszöbön túl egy új fejlődési fázis és siker várná az embert, ha átlépné ezt a küszöböt. De az erő elfogy, nem vagyunk képesek átlépni a küszöböt, nem tudjuk véghez vinni terveinket. Mert követjük tudat alatt az ikrünket, akinek szintén elfogytak az energiái, mielőtt még célba érhetett volna ezen a világon.

UTÓSZÓ

Ma már tudom, hogy miért vonzzuk be újra és újra ugyanazt a problémát az életünkbe. Mindenkinek ismerős az érzés, amikor ismételten ugyanazokkal a megoldandó feladatokkal, problémákkal találkozik.

A vonzás törvénye értelmében mi vonzzuk magunkhoz az adott problémát, a gondolatainkkal, érzéseinkkel, tetteinkkel, tudatalatti működésünk által vezérelve. Ha változást akarunk elérni, nem pedig újra és újra megélni ugyanazt a problémát, akkor a hozzáállásunkon kell változtatni. Apró lépésekkel, tudatosan ez megoldható. Nem mondom, hogy könnyű, de ha igazán akarjuk, akkor menni fog.

Ráébredtem, hogy amit a könyvekben olvastam igaz. Ha mindenkinek, akivel találkozom, a problémámról mesélek, akkor soha nem fogok megszabadulni tőle. Ez abban az állapotban tart, mintha a probléma folyamatosan jelen lenne. Tulajdonképpen erőt adok neki ahhoz, hogy az életem részévé váljon és folyamatosan hasonló helyzetekkel fogok találkozni. Ha az átélt negatív tapasztalatokról tartok beszámolót, minden esetben felidézem az élményeket, újból átélve a régi érzéseket. Ezek szintén mágnesként vonzzák a negatív tapasztalásokat ismét.

Mi lehet erre a megoldás? Tudatos emberként képesek vagyunk irányítani, hogy miről beszéljünk és miről ne. Egyszerűen el kell felejteni a panaszkodást. Elhatározás kérdése. Tervekről kell beszélgetni, vagy szép emlékeket kell mesélni a beszélgető partnereinknek. Ha így teszünk, akkor szép lassan a negatív szemléletet átveszi az optimizmus.

A következő lépés már kicsit nehezebb: le kell küzdeni a pánikbetegek nagy mumusát, a folyamatos félelmet. Ma már mindenki tudja, hogy a negatív gondolkodás, az aggodalmak, a félelmek problémákat generálnak. Azonban annál kevesebben tesznek az ellen a gyakorlatban, hogy a negatív gondolatok helyett pozitív érzéseket válasszanak. A megoldás pedig kézenfekvő: Figyelni kell a gondolatainkat és amikor azon kapjuk magunkat, hogy aggódunk vagy éppen egy még meg sem történt dologtól félünk, akkor azt kell mondani: „Állj! Tudom, hogy bármi is történik az életemben, képes vagyok azt megoldani. Most viszont a jelenre koncentrálok. A MOST-ban vagyok! Nem a jövő miatt aggódom..." Sok gyakorlással elsajátítható, akár a relaxáció. Ha nekem sikerült, akkor bárkinek is menni fog.

A harmadik nagyon fontos dolog, hogy nem szabad magunkra áldozatként tekinteni. Ne okoljuk a körülményeket, a környezetünket, a házastársunkat, anyósunkat, főnökünket – és még hosszan sorolhatnám kiket –, hanem felelősséget kell vállalnunk végre a saját életünkért. Éveken át mondta ezt a pszichiáterem, a barátnőm, a pszichológusom csak más-más szavakkal.

Mindannyian kerülhetünk rossz kapcsolatba, rossz munkahelyre. De a mi döntésünk, hogy onnan méltósággal felállunk-e.

Sokáig tartott, mire erre is megérett a lelkem és felismertem a bennem rejlő erőt. De ezzel óriásit fordult az életem, képes voltam olyan döntéseket meghozni, amiket évek óta halogattam és ezáltal az életem minőségi javulását alapoztam meg. Ráébredtem, hogy a sorsomért kizárólag én felelek. Én döntök és még csak meg sem kell felelnem senkinek. Életem három alappillérét fordítottam ki a sarkaiból és ezáltal megteremtettem magamnak ezt a teljesen új valóságot. Jó helyzeteket, jó embereket és jó körülményeket alkottam magam köré!

Végre felismertem, hogy a házasságom már nem épít – elváltam. Ráébredtem, hogy a munkám már nem okoz örömöt – másik munkahelyet kerestem. Dobozba zárva éreztem magam a városi panel negyedik emeletén, úgy éreztem megfojt – hát eladtam. Ma egy új társ oldalán, egy számomra kedves vidéki, erdőszéli házban élek és olyan munkát végzek, amit szeretek.

Mindenki ott tart ebben a pillanatban, ahová a gondolatai, a tettei, a belső meggyőződései vezették. Ha elhisszük, hogy sorsunkat alakíthatjuk és képesek vagyunk a problémáinkra megoldást találni mi magunk, akkor sikerülni is fog.

Én sem vagyok az út végén, de már élhető életet élek, mert sok mindenre választ kaptam és úgy érzem, hogy a helyemen vagyok. Mert ahogy Steve Jobbs fogalmazott: „Az élet nehézségei csak akkor nyernek értelmet, amikor elég öreg leszel ahhoz, hogy visszatekintve össze tudod kötni a pontokat". A kirakó összeállt és megkaptam a válaszokat sok kérdésre.

A szerző

Katarina P.V. Egerben született nő, édesanya, barát, társ, exfeleség, munkatárs.

Fiatalon tehetséges sportoló volt, de egy sportsérülés meggátolta abban, hogy a röplabdában teljesedjen ki.

Felsőfokú tanulmányait követően hamarosan megérkezett első gyermeke, majd őt még három gyermek követte, akik közül a két legkisebb ikerpárként érkezett a családba. A gyerekek érkezésével megkezdődött a családi gépezet működtetése, amelyben anyaként ő a legfontosabb fogaskerék.

Igyekezett olyan gyermekkort biztosítani, amelyben a szeretetet, az időt, törődést maradéktalanul megkapja mindegyik gyermeke, még saját nehézségei mellett is.

A gyerekek ellátása mellett azonban azt is érezte, hogy neki más feladata is van, maradandót kell alkotnia.

Most, hogy a helyén érzi magát, szerető és támogató párja van, úgy érzi, ideje kibontakoznia. Gondolataival könyv formájában találkozhatunk.

A kiadó

Aki feladja,
hogy jobbá váljon,
feladta,
hogy jobb legyen!

E mottó alapján a novum publishing kiadó célja az
új kéziratok felkutatása, megjelentetése, és szerzőik
hosszútávú segítése. Az 1997-ben alapított, többszörösen
kitüntetett kiadó az egyik legjelentősebb, újdonsült
szerzőkre specializálódott kiadónak számít többek között
Ausztriában, Németországban és Svájcban.

Valamennyi új kézirat rövid időn belül egy
ingyenes, kötelezettségek nélküli kiadói
véleményezésen esik át.

További információkat a kiadóról és a könyvekről az
alábbi oldalon talál:

www.novumpublishing.hu